目次

『難民研究ジャーナル』の発刊にあたって ……………………………………………………… 2
　本間 浩（難民研究フォーラム座長）

［特別寄稿］難民と被災地をつなぐもの──「難民研究」を問い直した東日本大震災 ……… 3
　難民研究フォーラム編集委員会

特集　第三国定住

［論文］わが国のインドシナ難民受入の経験と第三国定住受入制度の理論的諸問題 ………… 9
　本間 浩（難民研究フォーラム座長・法政大学名誉教授）

［論文］第三国定住の復権？──保護、恒久的解決と負担分担 ………………………………… 29
　小泉康一（大東文化大学）

［論文］日本は変わったか──第三国定住制度導入に関する一考察 …………………………… 48
　小池克憲（東京大学大学院総合文化研究科博士課程）

［報告］第三国定住の概要と課題 ………………………………………………………………… 65
　入山由紀子（UNHCR上級職員）

［報告］タイ・メラキャンプにおけるビルマ出身難民の現状と第三国定住制度に関する認識調査 … 77
　松岡佳奈子（東京大学大学院総合文化研究科博士課程）

［報告］日本における難民の第三国定住に関する論点 ………………………………………… 89
　石川えり（特定非営利活動法人 難民支援協会）

［寄稿論文］エスニック・コミュニティのない難民申請者へのグループワークによる支援 ……… 101
　森谷康文（北海道教育大学教育学部）

［寄稿論文］「国内強制移動に関する指導原則」と国内避難民の国際的保護 ………………… 111
　墓田 桂（成蹊大学文学部）

2010年日本の判例動向 …………………………………………………………………………… 120
海外判例評釈 ……………………………………………………………………………………… 123
2010年難民動向分析 ―日本― ………………………………………………………………… 128
2010年難民動向分析 ―世界― ………………………………………………………………… 132
文献紹介 ―日本― ……………………………………………………………………………… 136
文献紹介 ―海外― ……………………………………………………………………………… 137
難民関連文献一覧 ………………………………………………………………………………… 138
編集規定・執筆要項・投稿規定 ………………………………………………………………… 143

『難民研究ジャーナル』の発刊にあたって

難民研究フォーラム座長　本間　浩

　難民研究フォーラムの機関誌として、『難民研究ジャーナル』を発刊します。この機関誌刊行の意図は、わが国での難民問題研究を下支えすることにあります。ただし研究フォーラムとしては、この機関誌によって、研究上知りえたことが研究者の世界にだけ通用すればよいとするのではなく、できるだけたくさんの人々が難民問題に関心をもつようになるきっかけとなることを願っています。

　すでに数回の研究会での発表および討論を通じて難民問題には実に多様な側面があることに研究会参加者は目を開かされましたが、難民をはじめ具体的な人間をめぐる問題は多種多様です。したがって、難民問題の研究には学際的な取組みが必要となります。確かに、それぞれの分野に足場をおいた着実な研究が出発点になります。しかし出発点にいつまでも留まっているのでは、難民問題研究は不十分といわざるをえません。その出発点から、異なる分野の研究成果に触手を伸ばしていって、結実を生み出すことが求められます。

　本誌に掲載された論文や報告、評論は、正に多様な分野のそれぞれの立場から発表された内容になっています。一方では伝統的手法に則っているものもあれば、他方では新進気鋭の感覚で、しかも海外での難民キャンプ生活にふれたからこそ鋭敏に捉えることができたものもあります。読者の皆さんは、それらを読んでみて、知識や情報を知ることになるのはもちろん、そのことに留まらずにさらに一歩進めて、それらの知識や情報を結びつけた考え方をどのように見つけ、またはいっそう掘り下げるべき問題点を掴み出すことができるでしょうか。

　人間社会において、結びつけ、という発想がいかに大切であるか、を3月11日に起こった東日本大震災の被災者への救援・支援問題を通じて知りました。同震災を受けて、本誌の冒頭で取り上げることとした「難民と被災地をつなぐもの――『難民研究』を問い直した東日本大震災」では、難民支援団体による支援活動はもとより、日本にいる難民（難民認定申請者も含む）による支援活動も紹介されています。難民による被災者支援の話は感動的でさえあります。被災者支援は、日本国内に留まらず、たくさんの国々の人々からも寄せられています。テレビで熱血講義ぶりが放映されたハーバード大のサンデル教授は、この大震災をきっかけにして地球市民の意識が生まれることを期待する旨のメッセージを発表したとのことですが、この意識が地球全体に広がれば、難民保護に関する国際連帯関係の構築も容易になるはずです。従来、国家代表が集まった国際会議では、難民保護のための国際的な協同負担を求める国際連帯の構想は、国家エゴの主張によってことごとく潰されてきました。被災者支援に対する国内的・国際的協力は、人間社会の可能性をあらためて見直すきっかけになるかもしれません。同時に、個々の研究分野においても、自らの構築を見直し、異なる分野との結びつけによって新たな結実を得ることになるかもしれません。難民研究フォーラムは、そのような展開の実現に大きな期待をかけています。

[特別寄稿]
難民と被災地をつなぐもの
「難民研究」を問い直した東日本大震災

難民研究フォーラム編集委員会

　編集委員会が本創刊号の発刊に向けた準備を進めていたさなかの本年3月11日、日本は東日本大震災という戦後最大級の災害に見舞われた。その規模は、7月26日現在、死者15,636人、行方不明者4,808人、建物の全壊が110,570棟、半壊が132,494棟、避難者数の合計は91,552人と発表されている（緊急災害対策本部発表）。仮設住宅への入居が進む中、現在も17,798人が避難所での生活を余儀なくされている（同上、7月14日集計）。さらに震災による福島第一原子力発電所事故では、避難区域内の人口だけでも約78,000人にのぼる（5月17日付原子力災害対策本部発表）。

　このような人類史上まれに見る大災害を受けて、私たちはそこから何を学び取るべきなのか。この震災は、『難民研究ジャーナル』という難民研究の場に対して、どのような示唆を与えているのか。編集委員会では、創刊号となる本誌において、ここで投げかけられた問題を取り上げないわけにはいかないという認識を共有した。そこで、本稿では、難民支援団体のひとつである難民支援協会（JAR）が震災を受けて行っている各種の活動の例を通して、この大震災が「難民研究」に対して与えた示唆について考えてみたい。以下、活動の詳細については、JARへの取材をもとにまとめた。

震災の中の難民──周辺化されがちな存在、そうであるがゆえの共感力

(1) 震災直後の難民──寄せられた2つの声

　今回の震災は日本に暮らすすべての人々の生活を直撃した。もちろん外国人であっても例外ではなく、直後から多くの在日外国人が国外へ逃れた。発表によれば、震災後わずか1カ月で53万人を超す外国人が日本を出国したとされる（法務省入国管理局「東日本大震災前後の外国人出入国者数について」）。そのような状況の中、迫害の待っている自国には帰ることのできない難民たちはどのような状態だったのだろうか。事務所には、震災直後から、難民たちからの2種類の異なる声が届いていた。「自分たちを助けてほしい」、「被災者を助けたい」。そこで、JARは、この2つの声に呼応する形で、震災に対応して2つの方向に活動を展開した。

(2)「忘れられている」と感じた難民たち――難民コミュニティ・家庭訪問

　大震災は、日本に暮らす難民たちの生活をも直撃した。日本人でも大混乱に陥り、また、多くの外国人が国外へ脱出する中、母国へ帰ることができない難民たちの不安、混乱は非常に大きなものであった。事務所には、震災直後から、パニック状態に陥ったり不安を訴えたりする難民たちからの電話が殺到した。これを受けて、難民のコミュニティや家庭を訪問する活動を開始した。停電や交通機関の乱れが続く中、事務所に来てもらうという従来の方法では支援の網から漏れてしまう人々が出ることが懸念されたため、スタッフ自らが難民のいる場所に出向いて一人ひとりを訪問するという形をとることとした。

　具体的には、3月22日から、東京、千葉、群馬、栃木にあるクルド（トルコ）、エチオピア、ウガンダ、カメルーン、ミャンマー（ビルマ）などの難民のコミュニティや個人の家を車で訪問し、一人ひとりの顔を見ながら、安否確認、食料などの緊急支援物資の配布、各国語に翻訳したチラシによる震災・原発関連の情報提供、その他の相談対応やニーズの聞き取りを行った。

　こうして生活の場に実際に足を運んで見えてきたのは、普段以上に困窮し、情報から取り残され、日本社会から孤立している難民たちの姿だった。難民申請者の大半は就労できる在留資格を持っておらず、また、持っていたとしても言葉の問題で仕事を見つけることが困難であるため、普段から多くがその日食べるのも精一杯の困窮した生活を強いられている。震災による物不足がその苦しい生活に追い討ちをかけた。仕事があっても震災後、一時的に職を失った難民も多く、経済的に逼迫した。

　また、原発事故については、そのような事故が起きていることすら知らない人もいた。何も知らずに行ったスーパーではすべての飲料水が忽然と姿を消していた。その異常な事態に接して、初めて原発の事故が起こったことを知ったという難民たちがいた。他方、情報にアクセスできたとしても、日本語ができないため英語やフランス語の情報源に頼らざるを得ず、外国メディアがセンセーショナルに書き立てるニュースを読んで過剰な不安やパニックに陥っている人々も多かった。人々の買占め行動により食料、日用品などが次々と店頭から姿を消す中、状況が理解できず、取り残された難民たちは激しく動揺していた。何が起きているのか分からない、自分たちはどうなってしまうのか――難民たちの多くが、「自分たちは忘れられている」と口にした。

　他方、難民たちは、日本でのこの状況から逃れたいと望んだとしても、迫害のおそれのため、自国に帰るということもできない。大きな不安を抱えたまま日本に留まるのか、迫害が待つ自国に帰るのか。難民たちは究極の選択を突きつけられていた。しかも、日本国内で避難をしようとしても、法的に日本国内での移動の制限を設けられている状態の人々も多く、それもできずにいた。何が起きているのか、どうしたらいいのか分からない。逃げたくてもどこにも逃げられない。小さな子どもを抱えている難民の中には、どうすることもできない自分を責めている人もいた。どん詰まりの窮地に立たされ孤立した難民の姿があった。

　ここで見えてきたのは、一方で情報弱者となり取り残され、他方で迫害の待つ自国に帰ることも日本国内での避難もままならないという、非常に困難な状況に置かれたまま孤立する難民の姿

であった。訪問を受けた際に、物資の提供よりも「自分たちの存在を忘れないでいてくれた」ということに難民たちが最も喜んでいたという。その事実が日本における難民たちの置かれた状況を物語っていると言えるのではないか。

(3)「日本社会の一員」として——難民ボランティア派遣

同時に、震災直後から、難民たちのもう1つの異なる声が続々と届いていた。「被災者のために何かしたい。自分にも何かできないか」。想定外のこの声にスタッフは純粋に驚いた。JARは、いち早く被災地に入って様々な支援活動を始めた団体のひとつでもあるが、本来は難民支援を専門とする団体が被災者支援に乗り出したのは、このような、他でもない難民の声がきっかけであった。現在展開しているいくつかの被災者支援プロジェクトのうち、難民をボランティアとして被災地に派遣するプロジェクトは、まさに「被災地を支援したい」、「日本社会の一員として貢献したい」という難民の思いをダイレクトに被災地に届ける活動であるといえる。

このプロジェクトでは、被災地でのボランティア活動を希望する難民を募り、日本の学生や社会人、留学生などの参加者と一緒にグループを作り派遣している。具体的には、JARが手配するバスで、東京から宿営地である岩手県花巻市のキャンプ場に向かい、最短3泊4日から任意の期間、岩手県陸前高田市にて、がれき撤去や炊き出しなどのボランティア活動を行っている。8月8日現在、ミャンマー（ビルマ）、トルコ、ウガンダ、スリランカなどの、60人以上もの難民がこのプロジェクトで被災地に入り、共に参加した他のボランティアとともに汗を流している。

参加した難民たちは、「自分は弾圧する政府に怒りをぶつけたが、被災した人はどこに怒りをぶつければいいのか」、「住むところを追われる悲しさは私にも分かる」と被災者の境遇を思いやり、「日本人は大変な支援をしてくれた。日本人に恩返ししたい」と語っている（2011年6月16日付中日新聞「難民らがれき拾い——第二の故郷に恩返し、家や家族失う痛みを共感」、2011年6月3日付読売新聞「難民・留学生奮闘——陸前高田市でがれき撤去」）。

ここから見えてきたのは、難民たちが、自分たちの置かれた立場や過去の経験ゆえに他者への強い感受性を持ち、かつ、社会に対する潜在的な力を持った「日本社会の一員」である、という事実である。一緒にボランティア活動を行った日本人参加者の「（難民の人々は）母国や日本での大変な境遇にありながら、そのようなことを感じさせない明るい、気さくな人柄でした。彼らが日本にいることをとてもありがたく思いました」（2011年5月26日にJARが実施した「東日本大震災支援活動報告会」での報告より）という言葉はこれを端的に表している。

(4) 大震災から見える「難民」という存在

これらの、一見相反しているかのようでもある2つの事例から見えてくるのは、「難民」という存在そのものの本質であるともいえる。難民は、外国人という社会的マイノリティ、日本語の問題で情報から疎外されている脆弱性、「帰れない」という難民特有の事情ゆえの困難、と幾重にも

周辺化されてしまいがちな存在である。一方で、難民たちは、決して「弱い」存在ではなく、社会に対する潜在的な力を持った人々でもある。震災を機に、「難民」という存在がどういうものであるのか、私たちは再認識させられたといえる。

難民から被災者へ──「困難な状況にある人々」への視点

(1) 難民と被災者をつなぐもの

この震災では、おびただしい数の尊い命が奪われ、家や職場が流され、周辺地域一帯の将来の方向性をも見失わせるような甚大な被害をもたらした。被災者の直面している困難は想像を絶する。被災した人々は、地震・津波という自然災害により、生命、身体、財産、人としての尊厳や様々な権利が奪われ、著しく脅かされるという極めて困難な状況に、一瞬のうちに突き落とされた。

自然災害か、本国での迫害か、という原因の違いこそあれ、人としての根本が揺らぐような著しい困難に直面しているという点においては、被災者と難民は共通している。だからこそ、難民自身が自らと被災者を重ね合わせ、前述のような被災地支援ボランティア活動を行っているのであり、JARのような難民支援団体が被災者支援に乗り出したのも、また、必然であったといえる。事実、これまでの難民支援の経験は被災者支援の場でもすぐに活かせるものであった。以下では、JARの実践を通して、いかに「難民」から「被災者」へ視点が広がっていったのかを見てみたい。

(2) 被災地の状況

JARは、3月20日には現地に調査に入り、その10日後には被災者支援活動を開始した。当時、被災地は以下のような状況であった。

車で気仙沼、大船渡、陸前高田へと入った。途中の高速道路は、地震の影響でアスファルトの継ぎ目が隆起し、車は跳ね上がるように振動した。高速を降りて海岸沿いに走ると、津波が一帯全てを流し去ったため、一面、がれき以外には何もない。津波が到達した部分が線としてはっきりと見て取れるほど、津波の被害を受けた部分とそうでない部分の境界が顕著であった。行けども行けども目に留まるものは膨大な量のがれきのみで、そこには人の営みが感じられるものは一切残っていなかった。車はもちろん、家や大型の船までが流され、がれきの山の上に乗り上げた状態で残されていた。そして、所々で、魚が腐敗したような鼻を突く悪臭が漂っていた。

被災者の状況を把握するため体育館、公民館などの避難所もめぐった。まだ電気、水などのライフラインがほとんどの場所で寸断し、避難所ではどうにか寝る場所を確保するのが精一杯の状況で人々が身を寄せ合っていた。家族単位で1カ所に身を寄せ合っているが、他の家族とのスペースの間に間仕切りなどはほとんどなく、段ボールやブルーシートを用いてなんとか目隠しを作っている人がちらほら見られる程度であった。仮設トイレの多くは男女共用で薄暗く、汲み取り式の便所は不衛生であった。

(3) 「難民」から得た視点を活かして——2つの「気づき」に基づく被災者支援

このような被災地・被災者の状況を受けて、被災した女性への支援、被災した外国人への支援、避難所や集会所での法律相談の各事業を立ち上げた。JARが考えたこれらの支援活動は、いずれも「難民」との日々の関わりの中から得た「気づき」からヒントを得たものだった。

第1に、周辺化されがちな、支援の網から漏れてしまいがちな人々の存在への気づきである。JARは、難民という社会的マイノリティに寄り添ってきた経験から、被災者の中でも、女性、外国人など、社会の中で周辺化されがちな人々にフォーカスした支援が必要となると考えた。そこで、被災女性支援、被災外国人支援の活動を開始した。女性支援については、避難所運営に関わるメンバーのほとんどが男性である点がまず目に付き、「夜中仮設トイレに行くのが暗くて怖い」、「生理中でお風呂に入りづらい」などの女性特有の不安や不便が見逃されがちになっているのではないかと懸念された。そこで、避難所にいる女性たちを対象に、彼女たちの視線に立ち、避難所での生活を改善するのに役に立つと思われるアイテムを入れた女性キットを作成し、その配布と同時に助産師や看護師によるお悩み相談会を実施している。また、被災地には、留学生や研修生などの外国人が続々と帰国する中、日本人と結婚し家族を築いているなどの理由で帰国せずに残っている被災外国人がいるとの情報を得た。そこで、コンタクトをとり、コミュニティや家庭を訪問して、支援物資の配布、情報提供、生活相談などの活動を開始した。

第2に、見落とされがちなニーズへの気づきである。「もっとも困難な、深刻な状態にあるのは、事務所にまで相談に来ることすらできない、コンタクトすらとって来ない難民たちである」というジレンマを経験していたJARは、本当に助けが必要な人こそ自分から支援の場に出向いて来られない傾向にあることを知っていた。そこで、被災地での法律相談事業においても、弁護士とともに避難所をめぐり、弁護士が「待っている」のではなく被災者のもとへ「出向いて行って」悩みを聞き出すという方法をとった。また、難民支援の場で弁護士と連携してきた経験から、一般的に「弁護士への相談」というと敷居が高いものであるということも認識していた。実際に、被災者からも「何を相談したらいいのか分からない」という声が聞かれた。そこで、ローン、相続、雇用、生活再建支援制度などの被災者にとって身近なトピックについて、紙芝居を用いて図解や具体例を交えるという方式を用いて説明し、その後個別相談を行った。被災した人々が、横になったままで、気になる部分だけでも聞くことができる気軽さを大切にした。弁護士たちが避難所の人々と一緒に座り込み、当事者と同じ目の高さで説明し、相談にのる。「当事者の目線で、当事者に寄り添う」ことを考えた結果、このような活動に行き着いた。また、難民支援の経験から、物を配るというハード面の支援が主流である中で、情報を提供する、啓発する、といったソフト面の支援も同じく重要であるということも熟知していた。そこで、被災女性支援においては、「女性キット」として、パンティーライナー、ナプキン、携帯用ビデなどに加え、緊急時に対応できるような情報および女性のための24時間ホットラインの情報を記載したカードや防犯用ホイッスルなどを配布し、性被害防止や健康管理に関する情報提供、啓発を行った。また、配布と同時に、助

産師や看護師が「何か困っていることはありませんか」と声をかけ、お悩み相談を実施した。

以上の事例からは、「難民」という存在が決して特異な、他の多くの人々とは無縁なものなのではなく、その存在を通して、誰にでも通じうる重要な視点を私たちは得ているのだということに気付かされる。難民支援において培われてきた視点は、女性や子ども、高齢者、障がい者、外国人、医療や福祉を必要とする人々など、とりわけ支援が届きにくい被災者支援へも活かすことが可能なのである。これは、難民支援における当事者の権利保護を目的としたいわゆる「プロテクション」を軸とした活動や、「人権の主流化(mainstreaming human rights)」あるいは「権利を基礎にしたアプローチ(Right-Based Approach)」の意義をあらためて示しているともいえるだろう。

震災が「難民研究」に投げかけたもの
── 「タテ割り」から「当事者中心」の学問へ

東日本大震災と福島第一原子力発電所事故は、学問のあり方についても大きな波紋を呼び起こしたといっていいだろう。研究とはいったい誰のための、何のためのものなのか。研究活動の進め方はどのようにすべきなのか。確かに、専門家による「学問のための学問」も、それ自体が社会にとっての財産ではある。しかし、困難に直面している人のため、社会に山積している問題を解決するための学問ということをより強く自覚すべきなのではないだろうか。

これらの問いは、あらゆる分野の学問に波及し、難民研究についても、その例外ではない。これまでの難民研究の進め方は、ちょうど政府の「タテ割り」行政と同じように、法学、社会学、心理学といった旧来の学問の枠組みに捕らわれた「タテ割り」のものだったのではないか。これは、歴史的に学問が「国家のための学問」であり続けてきたことと無縁ではないだろう。しかし、一人の人間としての難民の抱える困難は、必ずしもそのような「タテ割り」に沿うものであるとは限らない。むしろ多くの場合は、分野横断的な困難を抱えているのではないだろうか。人間の存在とその営みは、本来「タテに割って」考えるものではなく、「ヨコにつないで」考え、支えるべきものではないだろうか。そうであれば、従来の難民研究は人間としての難民から乖離した部分があったということになる。東日本大震災と原子力発電所事故は、甚大な犠牲とともに、「人間のための学問」を主軸にした新たな学問の潮流への転換を迫る契機ともなったのである。当事者である難民を中心としながら、法学、社会学、心理学等の様々な分野の研究者や、弁護士、社会福祉士、臨床心理士、医師、看護師、NGO、自治体、企業、場合によっては他の難民が集まり、難民が抱える具体的な問題の解決に向けて、協働していく。そこで対話し、議論しながら生み出されていく新たな研究や社会のあり方を提起し、発信していくことが、これからの難民研究に求められているのではないだろうか。

『難民研究ジャーナル』が、「難民」という当事者の立場での視点を常に忘れず研究活動を展開する場であり続けるためにも、私たちはこの歴史的な経験を決して忘れてはならない。『難民研究ジャーナル』と難民研究フォーラムがそのような舞台のひとつとなるよう、執筆者、読者の皆さんの協力を望んでやまない。

特集　第三国定住

論文
わが国のインドシナ難民受入の経験と第三国定住受入制度の理論的諸問題

本間 浩　難民研究フォーラム座長・法政大学名誉教授（国際法）

— key words —

インドシナ難民、第三国定住受入、グローバル・コンサルテーション／Indo-Chinese Refugees, Resettlement, Global Consultation

1. 本稿における問題関心

　わが国政府は2010年、母国を逃れてタイ国に滞留していたミャンマー難民27人に対してわが国での定住を認め、わが国領域内に受入れた。これらの難民は、政府のアジア地域難民諸問題への対処という目的の一環として政策的に開始されたタイ居留中ミャンマー難民のわが国受入の第一陣である。2011年度も手続は進められている。

　別の国に滞留している難民をわが国が受入れるという方式については、すでに30年余前の東南アジア諸国滞留インドシナ難民の受入の実績によって、社会は経験済みのはずである。この方式は通常、「第三国定住受入」と呼称され、「本国帰還」および「第一次庇護国による受入」と並び、難民問題の永続的解決方式として説明されている。

　今回のタイ滞留中ミャンマー難民定住受入の受入枠の各年30人という人数は少ない。また、政策的に掲げられているアジア地域難民諸問題への対処に今回の受入計画がどのように繋がるかは、未知数ではある。しかし、この30人という数字は、あくまでもわが国のパイロット計画上のものであり、定住受入の成果次第では、すなわち社会の対応次第では、人数の拡大も、また、ミャンマー以外からの難民の定住受入への途も開かれる可能性がある。

　では、そもそも「第三国定住受入」とは何か。第三国定住受入方式により受入れられた難民は、当該受入国で、どのような権利を享有し、どのような義務を負うのか。これらの点についての私たちの認識を整理した上で、第三国定住受入方式の制度としての歴史的展開を概略的に顧みる。そのうえで、第三国定住受入方式をめぐる諸問題を、本稿では主として国際法的な観点から捉え

る。とりわけ、インドシナ難民の各国における受入をめぐっては、わが国内でのそれに対する比較的に穏やかな見方とは別の評価がある。すなわち、その受入に対する国際社会での評価は、70年代から80年代初めまでの段階については積極的であったにもかかわらず、それ以後の段階については消極的に反転した。この経緯を踏まえながらも、2001年に開催された世界難民問題専門会議（Global Consultation）では、第三国定住受入方式の意義があらためて見直されている。わが国政府のタイ国滞留中ミャンマー難民定住受入計画決定も、この見直しに沿い、難民受入のいっそうの活性化に寄与しようとする、という意味を含んでいる。

2. 第三国定住受入とは？

(1) 第三国定住受入の概念

わが国でのいくつもの論述にすでにあるように、難民保護関係の国際的文献上で一般に用いられる英文のresettlementが、わが国では「第三国定住受入」という語で説明されている[1]。わが国での用語の使われ方として、「第三国」という修飾語が付される理由は次の点にある。すなわち、他国においてすでに難民として保護を受けていた場合と、他国での一時的または暫定的な滞留の経緯があったにしても、そこでは難民としての法律上または事実上の保護を受けることがなく、または受ける保護が乏しく、わが国に到達して初めて、難民保護に値する定住受入が認められる場合を区別することにある。後者の場合が「第三国定住受入」である。

かつてのインドシナ難民の中には、東南アジア諸国の難民キャンプなどでの滞留下から、わが国の定住受入（すなわち第三国定住受入）政策により受入れられた者の他に、受入先が定まらないままわが国での暫定在留を続けていたが、結局、わが国による定住受入を求めることに切り替えた者もいた。後者は、わが国が東南アジア諸国からの難民定住受入計画を実施する時期よりも早い段階において、わが国による暫定在留許可を得ながら一定の保護を受けつつも、わが国以外の、例えば米国、カナダ、オーストラリアなどによる定住受入を望んで、暫定在留を続けていたのであったが、米国などにおけるインドシナ難民受入の余地が狭められるにつれ、あらためてわが国による受入の希望に切り替え、その受入が認められたのである。後者の処遇については、国際的な問題として検討を要する論点が生じていた。この点については後に論述する。

わが国での用語の使い分け問題とは別に、国際社会一般でも「第三国定住受入」の定義は確立されているとは言い難い。第二次大戦直後の1946年に採択された国際難民機関憲章では、resettlementという語に並べて、reestablishmentという語が表されていた[2]。しかし、これらの語はいずれも、同憲章適用時点での庇護国[3]による定住受入が念頭に置かれ、一国に滞留中の状態から他国による定住受入が認められるという意味での、第三国定住受入までも含む意味を有していたのかどうかについては、明確ではない。

そこで、国際的に権威的な学説であるグッドウィン＝ギル（Goodwin-Gill）説によれば、「暫定在

留の国または第一次庇護国での滞留から、別の第三国による定住が認められる」ことである、と定義づけられる[4]。また、ハサウェイ(Hathaway)説は、「第三国定住受入」について次のような条件を指摘する。第1に、第三国が難民に対して、移民受入という方式での永続的な地位を付与する意思を有すること、第2に、難民条約第33条1項に定める non-refoulement 原則（迫害国への強制的な追放・送還の禁止原則）の、国の義務としての適用があることである[5]。この義務原則が当該第三国によって遵守される限り、その国が当該者にとって移動希望の国でなくても同国による受入に応ずるよう求められることもある[6]。ハサウェイ教授によって指摘される第1の条件は、米国、カナダ、オーストラリアなど、移民受入政策をとっている諸国の立場を背景にしている。第2の条件は、移民受入の場合には原理的には無関係とされる点である。

　上記の定義説明および条件指摘に関連して、若干の掘下げを加える。

　第1に、最初の到達国では、難民がそこでの受入を求めず、または受入を認められない場合、同国は、難民が別の第三国に移動するための途中にある経由国となる。また、到達した国が第一次庇護国として庇護の供与を認めても、至極限定的な保護を与えるのみで、難民から見ればその保護は不十分な場合もある。しかし、これらのいずれの国の場合でも、当該難民に対して暫定的な在留許可は認められなければならず、さらに non-refoulement 原則が適用される。この解釈については難民条約第31条2項の原則が論拠となり得る。この点については後に、もう少し詳述する。

　また、non-refoulement 原則は、通常、当該者が一国の領域に到達[7]していればこそ、論理的には当然に適用される。それゆえに経由国においてでも、安全な第三国からの入国許可までの期間、当該経由国に身柄をおいているからこそ、少なくとも暫定的な在留許可を前提にしている。難民庇護について、庇護を求める国への到達が条件とされることは、庇護が国際法上では領域主権の行使であるという論理の下では、当然のこととされる。

　しかし、non-refoulement 原則は原理的に人権保護原則であり、領域主権による桎梏の下には置かれず、領域を越えて遵守されなければならない[8]。したがって、米国連邦最高裁判所が、米国政府が行った公海上でのハイチ難民の本国追返しを、追返し実行の地点が米国領域内でないという理由で合法とした1993年の判決[9]の論拠として、non-refoulement 原則は当該難民が庇護を求める国の領域内に入っている場合に初めて当該者に対して適用される、との判断を示したが、その判断は誤りである。

　さらに、non-refoulement 原則は、すでに国際慣習法原則になっている、と国際社会に広く認められている。したがって、経由国または第一次庇護国は、難民条約締約国ではないとしても、この原則を遵守する義務を負っている。ただし、経由国または第一次庇護国が難民条約締約国ではない場合、上記の原則以外に、そのような国で難民がどのような地位および権利を与えられるのかという点については、難民条約上ではほとんど不明である。

　第2に、第三国定住受入方式の適用上、難民自らが第三国移住の希望を明らかにすることは、不可欠な要因である。難民が第三国移住を望んでいないにもかかわらず、難民の到達国が、当該者の意志に反して強制的に特定の国に移動させることはできない。このことは、難民条約第32

条の定めから引き出される当然の帰結である。同条の定めでは、当該者を合法的在留者ではないと到達国が判定してその者を追放する場合でも、若しくは国の安全または公の秩序を理由[10]として当該者の追放が許容される場合でも、一定の「適正な過程(due process)」[11]が必要とされ(第2項)、さらに、その第32条の原則による保護の対象にもならずに追放されることになる場合であってもなお、その他の国の入国許可を求めるのに必要な期間、追放を猶予しなければならない(第3項)からである。そのうえ、当該者の難民性の可能性がある限り、迫害のおそれのある国にその者を強制的に移動させることは、non-refoulement原則遵守義務に対する違反とされる[12]。ただし、前述のようにハサウェイ教授は、当該難民が希望する国ではなくても同国が迫害のおそれから安全であるならば、同国への移動を要請されることがある、と指摘している。

　他方、難民保護原則それ自体は、移民受入を直接的な目的にしてはいない。迫害のおそれや難民性がないことが少なくとも明らかであって、当該国の法令に対する違反を犯した移民希望者をその違反の理由で追放することは、当該国の裁量的決定による。このような者については難民条約第32条の諸原則は適用されない。

　ただ、難民性を主張する者について、難民認定の結果を待つのではなく難民性の可能性の有無の判断だけで、難民条約第32条上の諸原則およびnon-refoulement原則の適用如何が左右されることになるだけに、これらの原則が適用されないのは、当該者について迫害のおそれや難民性認定の可能性がないと明らかに判断される場合に限られる、と解されるべきである。難民認定の結果により初めて条約上の保護原則が適用になるとすれば、その結果が未だ出ていない段階で、入管法違反などの法律違反の理由で本国に追放または送還され、その結果、本国で迫害を受けることになった後に、難民認定の判定が下されても、当該者に対する難民保護は全く実現されないことになるからである。

　第3に、滞在国の有権的当局によって同国国民と同等の権利および義務を認められるようになった者については難民と認定されていてもその難民資格を失うと定める難民条約第1条E項の原則を根拠に、多くの同条約締約国が、すでに他国の保護を受けている者については同国による庇護供与を認めない、という原則（難民保護の第一次庇護原則、または同原則の論理の裏返しの捉え方としての、第二次庇護否定原則と呼称される）を導入している。この原則にいう「他国の保護」は、どの程度および範囲の権利・義務を意味するのか。この点については必ずしも明らかではない。この問題は、わが国に到達したインドシナ難民がわが国による受入を求めないままわが国領域内に滞留し続けることに関連して注目されても然るべきであった。この問題については、後述する。

(2) 第三国定住受入の対象としての難民の地位

　上記の説明では、第三国定住受入の対象となる難民とは、難民条約上の難民を意味するのか、またはそれ以外の難民も含まれるのか、という論点が棚上げされている。この点は、第三国定住受入難民が国際法的および国内法的にどのような地位を有するのか、当該難民がその地位に基づいてどのような権利を有し、それに対応して受入国がどのような義務および責任を負うのか、と

いう問題に決定的に関わる。

　定住受入を認める第三国は、受入対象にする者について難民資格の有無を審査せず、UNHCR（国連難民高等弁務官事務所）による審査結果を信頼して、難民としての処遇を認める。難民条約締約国が難民資格を審査して難民と認定する際に規準とするのは、難民条約第1条上の難民概念定義である。これらの締約国は、UNHCRによる難民資格審査結果を尊重することがあっても、それに拘束されることはない、という姿勢を従来からとり続けている。それにもかかわらず、定住受入を認める第三国は、UNHCRにより難民と認定された者の中から定住受入希望者を選んでいる。その選択の基準は、各国それぞれである。デンマークのような小国が、身障者、同伴者のいない幼児、高齢者など、社会保障政策上負担がいっそう重いと思われる者を優先的に定住受入の対象にしている例もある[13]。

　UNHCRがどのような基準に基づいて難民と認定するか、という点に関しては、UNHCRの機関法というべき国連難民高等弁務官事務所規程第6条に、UNHCRが責任を負うべき難民（その意味で mandatory refugee と呼称される）の概念が規定されている。その概念は、難民条約上の難民概念とほぼ同様である[14]。ただし、UNHCRはその設立の目的とされる人道的救済の目的から難民概念を柔軟に運用しようとしている。

　とりわけ、国連総会によるその都度の決議を根拠に、世界各地で生じた大量の難民流出・流入に対処してこれらの難民集団の救済に助力してきた。その際、難民条約締約国が行うような、難民個々についての厳密な個別的審査を行わず、簡便な審査によって対応してきた。また、世界各地での地域的な難民保護原則（例：アフリカ統一機構難民条約上の難民概念[15] やカルタヘナ宣言上の難民概念[16]）から、難民条約規定上にはない難民概念基準を加えているし、難民条約締約国の条約運用上新たにとり込まれた見解をも加えている[17]。このような基準に基づくUNHCRの難民審査結果については、難民条約に加入していない諸国においても信頼が置かれて、尊重されている[18]。

　しかし、難民条約上の基準よりもいっそう広義の難民も保護対象に加えるという方式が、難民としての扱いをする必要がない不法入国・在留者によって乱用される、という隙を生ずることもある。このことが実際に問題となったのが、後述のインドシナ難民受入制度の場合であった。このような乱用は、UNHCRの審査結果に対する信頼を損ない、各国による第三国定住受入政策の導入への意欲を削ぐことになる。

　第三国定住受入を認める各国は、その国内的根拠を行政府の裁量的決定に置くようにしている。そのことは、一面では、後述のように政策的考慮に基づくのであるが、他面では、UNHCRの難民認定基準と各国によって運用される難民条約上の基準との間のギャップが利用されている、と見ることができる。定住受入の根拠が政府の裁量的決定にあることを論拠にして、UNHCRによる難民認定を受けている難民からの定住受入の請求があっても義務としてそれに応ずることまでは認めない。

　上述のような意図から、多くの国では、第三国定住受入の方式による難民と難民条約上の難民として認定された者は、区別される[19]。ただし、第三国定住受入による難民が難民条約上の難

民としての認定を求めることも認められていた。難民条約のわが国での適用が始まってから数年の間、条約難民と認められたのは、わが国での定住を認められていたインドシナ難民の中の条約難民認定申請者であった。

　第三国定住受入による難民の法的地位は、条約難民のそれと全く同じか、それとも違いがあるのか。この点は必ずしも明確ではない。UNHCRは、条約難民と同じ処遇を与えるように求めている[20]が、各国の立場から見れば、論理的には難民条約に基づかない難民には難民条約上の処遇を同条約上の義務として認めなければならないわけではない、と論ずることもできる。しかし、各国は国連加盟国としてUNHCRに協力することを要請されている。とりわけ難民条約締約国は、同条約の履行状況についてUNHCRによる監督を受ける関係（同条約第35条）にある程に、UNHCRと密接な関係にある。それだけに、UNHCRの要請の実施にいっそうの責任を負っている[21]。したがって、第三国定住受入による難民については条約難民の法的地位と同等の地位を認めることが、強く要請される。ただし、同等に地位の承認が法的義務とされないだけに、実際には、僅かの細部において処遇上の違いが生ずる可能性は否定され得ない。

　そのような僅かの齟齬が生ずる可能性を残しながらも、第三国定住受入による難民の法的地位に関して絶対的に遵守されなければならないのは、non-refoulement原則である。この原則の遵守を欠くことは、難民性を根本的に否定することになるからである。

(3) 第三国定住受入を認める論拠

　第三国定住受入がその概念として上記のように説明されるならば、それが現実に作動し、または作動しない要因は何か。難民にとって最初の到達国である国での居留が困難であり他国に移動することを望まざるを得なくなる要因は何か。これらの点を見究める必要がある。

　経由国または第一次庇護国に居留している難民に対して第三国が自国への定住受入を認める理由は、多様であり、また重層的である。国側からしばしば提示されるのは、難民個人の状況に配慮するという人道的理由である。しかし実際には、その理由だけに留まらないし、その理由自体に、法的義務としてではないという一定の限界をにじませている。

　対外的には、難民の流入に伴う経済的、社会的さらには政治的面で難民到達国が受けている重圧の軽減を意図して、第三国が第三国定住受入を認めることもある。それは、国際連帯（international solidarity）または国際責任分与（international responsibilities sharing）の考え方に基づいている、といえなくはない。ただし、その連帯関係または責任分与関係が、かつての二大陣営対立時におけるような国際政治的対立状況を基盤にしていることも少なくない。その典型は、インドシナ難民の西側陣営諸国による定住受入であった。

　さらに、将来、定住していた難民の本国帰還が可能となる場合、帰還する人々が本国では技術者や専門家など有能な人材として本国の復興に大きく貢献することが期待される。当該第三国による難民の定住受入は、これらの人材の保存および育成に寄与することになる。その例としてグッドウィン＝ギル教授は、チリ難民であった人々やエルサルバドル難民であった人々の場合を紹

介しているし[22]、筆者は、学園で筆者の指導を受けていた学生であった元インドシナ難民が今日、本国で活躍していることにも触れておく。このような将来への進展が期待されるとすれば、難民の第三国定住受入は、受入国と本国の外交関係という政治的側面ばかりではなく、社会、文化、経済など多様な側面での両国の交流・連携の基礎となり得る。その交流・連携は、両国社会の深層にまで社会的・文化的膨らみをもたらす。いずれにしても、大きな意味での両国の国益に繋がる。ただし、インドシナ難民の場合、本国では大家族主義であったことから、家族の名の下に親類縁者も難民として受入れられたため、他の移入民からは不平等とする不満の声が上がっていた[23]。

　第三国定住受入には以上のような積極的な側面がありながら、それを制度として打ち出す際に各国は、「人道的理由」という名のブレーキの設定を用意する。各国は、その定住受入について国内法において政府の裁量的決定による、という留保を維持しようとしていることについてはすでに述べた。第三国定住受入を国内法上の裁量的決定の域に留めておくのは、移動希望の難民が大量になる場合や受入国側の社会的・財政的な受入容量に限界があると推察される場合に対する危惧による、と考えられる。

(4) 第一次到達国での居留が難民にとって困難になる原因

　第一次到達国での居留が難民にとって困難になる原因の一部は、本稿において後に、わが国に到達したインドシナ難民の処遇に関して提起する問題に関わる。そのような原因としてグッドウィン＝ギル教授が指摘する原因[24]の要旨は、次の通りである。すなわち、①最初の到達国が暫定的在留を認め、または法的な入国および在留を認める場合であっても、同国では人権の保障が拒否され、または制限される、②国の中央機関はともかくとして、その統治が十分には及んでいない地方集団が、種族的、宗派的または政治的な理由で難民の生命・身体の保全・自由に対して脅威を加える、③その到達国の外部から難民に向けて攻撃が加えられ、若しくは暗殺が仕掛けられる、④第一次到達国が当該難民に効果的保護を供与する能力がなく、若しくは供与する意思が不足している、の4つである。

　しかし、第一次到達国での居留が難民にとって困難になる原因は、以上に限られない。とりわけ問題になるのは、その到達国に居留し続けるとすれば難民の生存に危惧が生ずるほどの経済的困窮に陥る場合である。このことは、後に見るように別の、新たな問題を生ずる。

　また、これらの原因は、第三国定住難民受入を考える際のきっかけになるばかりでなく、わが国のような、海洋に囲まれている国に条約難民の認定を求める者について、到達までの過程で経由してきた国での保護状態如何を吟味する際にも、着眼されるべき点となる。

(5) 第三国が自らの領域での定住受入を認めない論拠

　第三国が難民の定住受入を認めない理由も、多様である。それを逐一、列挙することは困難である。主要な理由のいくつかを例示すれば、次の通りである。すなわち、①同国の地勢上の状況

など物理的理由、②同国の人口の稠密状態または、逆に少ない人口のために大量の難民の受入によって政治的、経済的および社会的なアンバランス化が生じかねないことへの懸念、③多民族国家であることが、政治的、経済的および社会的な仕切りを構成する要因となっている状態、④難民の定住受入を認めることが、種族的、宗派的または文化的衝突ショックを生ずる可能性への懸念、などがあげられる。

3. 第三国定住受入方式の枠組としての史的進展

　第三国定住受入方式は、難民状態の永続的解決（durable solution）のための方式として、本国帰還、第一次庇護国による受入と並べて説明される。しかし国際法の観点から見れば、これらはそれぞれ異なる関係を基礎にしている。しかも歴史を回顧すれば、それぞれが異なる要因に発している。そこで、第三国定住受入がどのような経緯の下に、難民保護の一方式として意識されるようになったのか、という点に着目する。なお、個々の事例についての説明は本稿では省略する。

(1) 第一次大戦前の状態

　難民に相当する人々が、最初の到達国から他国に移動してそこで何らかの保護を受けることがあるにしても、そのことが当該他国の出入国管理権を基礎にして認められるようになるのは、近代国際法の確立以降のことである。しかも、難民に関する国際的保護の枠組が設定されるようになったのは、難民の大量流入を受けた諸国が、その難民の大量滞留により財政的、社会的および政治的な負担という共通の悩みを抱くに至ったことを起点とする。

　第一次大戦前にも、難民の大量流出・流入の事例はいくつもあった。例えば17世紀には、ユグノー派信徒の大量流出・流入という事態が生じたし、19世紀には、政治体制変革、独立または民族統一闘争などの理由で大量の人々が難民化し、他国に逃れたことが何度もあった。とりわけ20世紀が迫る時期に生じたロシア・トルコ間戦争の結果をきっかけに、敗戦国トルコから、その虐殺を逃れ、またはそこから追放された何万人のアルメニア人難民が他国または他国植民地支配地域に逃れた。また、戦勝国であったロシアからも、戦後財政難への国民の不満の捌け口の一つとされたユダヤ人差別・迫害政策による犠牲を逃れて多くのユダヤ人が、主として欧州諸国に流入していった。

　しかし、欧州諸国を始めほとんどの国では、これらの難民の国際的保護は他人事とみなされて、それについての明確な意識は生まれなかった[25]。その過程では当然、第三国定住受入の方式が国際的保護の一環として着目されるには至らなかった。

(2) ロシア難民保護制度に始まる国際難民保護制度と実質的な第三国定住受入の仕組の発生

　ロシア革命政権の樹立およびそれに加えられた干渉戦争の失敗の状況下を逃れて多くのロシア人が主として欧州諸国へ逃れた。壊滅的な戦塵状況下に置かれた多くの諸国にとって、ロシア難民の大量流入は重荷となった。そこで、国際連盟の場を通じて、国際難民保護制度が設立された。その一環として設定されたロシア難民高等弁務官制度の、初代弁務官ナンセンは、ロシア難民の本国帰還を優先的解決法としようとしたが、反共産主義というイデオロギーで足並みを揃えた欧州諸国は、ナンセンの意図に猜疑心を抱く一方で[26]、難民滞留の重圧に喘いでいた。そこに、第三国定住受入を認めるようになったのが、米国とフランスである。両国の難民の大量受入の背景は、事情を異にする。

　英国の戦費用貸出資金の利息付返還を受けた米国は、大きな資金の流入を基礎にして国内産業のいっそうの規模拡大化に成功し、それとともに労働力の大きな需要を生じていた。欧州に滞留していた難民は、米国のその流れに乗って、米国に移動していった。また、フランスは、国内経済・社会の担い手というべき年齢層の、とりわけ男性の多くを大戦で失ったことから、フランスに流入した難民ばかりではなく、他国に滞留している難民についても定住受入を認めることとした。これらの例は、実質的な第三国定住受入であり、その枠組発生の端緒である。まだ脆弱であった当時の国際難民保護制度を、米国など若干の諸国による実質的な第三国定住受入方策が全面的に支えた。

　ただ、第一次庇護国難民定住受入方式にしろ、第三国定住受入難民方式にしろ、国内に大量の難民が居留することになった諸国では、さまざまな問題が生じていた。例えば、難民が都市部に集中することによって多様な社会問題を抱えることになった。また、国によっては、難民を人口過疎地へ分散化し、その労働力の農業開発への活用を図ったが、期待したほどの成果が得られず、難民の側からは職業の強制と思わざるを得ない措置に反発が生じていた。

　ロシア難民流出時から10年余を経た後、ナチス政権の差別・迫害政策による被害を逃れたユダヤ人が、多数、他国に流入しようとした。しかし、ロシアによる共産主義の伸張に強い警戒感を持ち続けた指導的立場の欧州諸国政府は、ドイツナチス政権をロシア革命政権への対抗力とするという想定の下に、ナチス政権に対して宥和政策（appeasement policy）をとり、流入してきたユダヤ難民の保護に冷淡であった[27]。1936年および1938年に採択されたドイツ難民に関する2つの協定[28]に考え方として含まれていた第三国定住受入の仕組は、ほとんど効果を生じないままであった。局所的には、経由国からの移動への手助けや上海租界地など避難地への流入の黙認などの取扱いが行われたが、それらは第三国定住受入方式といえなかった。

(3) 国際難民機関（IRO）憲章と第三国定住受入枠組構築への胎動

　欧米諸国は第二次大戦直後の1946年に、国際難民機関憲章（Constitution of International

Refugee Organization) を採択して、旧枢軸国支配から逃れ、またはその下に係留されていた人々の本国帰還、本国の支配体制の変更または国境の変更に伴い本国を離れた人々に対する保護、および戦前からの難民に対する保護の継続を、戦後処理問題として取り組もうとした。同憲章上の基本的考え方では、これらの人々の本国帰還が原則とされ、とりわけ、理由なしに滞留を継続する者を「無為に時間を潰している者(idle persons)」としてその本国への帰還を要請する、本国帰還ができないことに有効な(valid)理由を申し立てることができる者については欧州諸国での居留の継続が認められる、とされていた。なお、後日、この選別基準の理由として掲げられた概念[29]が、のちに、国連総会採択の UNHCR 規程上の難民概念および国連全権会議採択の難民条約上の難民概念の基礎となった。

　ところが、同憲章に基づく本国帰還要請に応ずる者は、ごく少数であった。そこで、米国は、戦後復興計画として提示されたマーシャルプランの導入を契機として政策の大転換を行い、欧州諸国に滞留している難民に対して本国帰還を求めず、欧州各国がこれらの難民の定住受入を認めるよう要請した。また、国際難民機関憲章の下では、第三国定住受入の枠組を制度として生み出すことができるような理念的基盤はなかったものの、欧米諸国による欧州諸国滞留の難民の自国受入により、結果として事実上の第三国定住受入が成立した事例は数え切れない[30]。

4．UNHCR・難民条約と第三国定住受入の枠組

(1) UNHCR による難民保護活動と第三国定住受入の枠組

　難民条約の難民概念規定には、「1951 年 1 月 1 日前に生じた事件の結果として」という文言を通じて、条約上の難民概念に該当する者の範囲について時間的な限定が置かれていた（1967 年の難民議定書によって同議定書加盟国においてはこの時間的限定は撤廃）。それに対して、UNHCR 規程では、難民条約上の難民概念とほぼ同様の時間的限定が付されている難民の定義と、そのような時間的限定のない難民概念定義が規定されている。そのことは、1951 年 1 月 2 日以降に生じた事件の結果として難民になった者については、UNHCR がその責任において保護を与えることを意味しているように読み取れる。

　しかし、発足当時の UNHCR は、国連の諸機関の中でも人的規模がきわめて小さな、活動資金も少ない機関であった。また何よりもまず国家とは異なって、難民保護のための領域を有していなかった。そのような機関に期待し得る主たる機能としては、一国に流入し居留している難民を別の他国が受入れるよう、斡旋すること(good offices)でしかなかった。このことが実際に大きな意味を生じたのは、1956 年に生じたアルジェリアや中国からの大量難民流出の際であった。UNHCR はその都度の総会決議を根拠にして、母国の隣接諸国・地域に逃れて滞留している大量難民が別の国で定住受入を認めてもらえるよう斡旋した。それは、第三国定住受入の斡旋に他ならなかった。ともかくも、UNHCR は、大量難民流出・流入の際の難民支援・保護活動を担

う主要な機関としてその存在意義を評価されることとなった。

(2) 難民条約の第三国定住受入の枠組との関わり

　難民条約の適用の仕方も1956年以降大きく変わった。この年、ハンガリー事件をきっかけに多くの難民が、とくにオーストリアに流入した。オーストリア分割管理責任国の一つであった米国は、中立主義政策をとり領土において小国になったオーストリアへの、難民の大量流入による同国の負担と、その状態につけ込む共産主義勢力の伸張を懸念して、米国内への難民引取を条件に、オーストリアが自国流入ハンガリー難民について難民条約上の難民と認定するよう要請した。これは正に第三国定住受入である。

　また、この経緯をきっかけに他の難民条約締約諸国でも、条約規定上の時間的限定にもかかわらず、その限定を越えた時期に生じた事件の結果として難民になった者についても、難民条約が適用されることになった。解釈技術的には、1951年1月2日以降に生じた事件も同年1月1日前に生じた事件の「余波(offshore)」という論理が弄された[31]。

　難民条約適用方法に関する上述の進展はともかく、同条約締約国では、同条約に基づく難民認定方法は認定申請の個々に対する個別審査によると解されている。その審査には客観的公正性が不可欠とされるだけに、審査に時間と労力がかかる。そのため、大量の難民申請が重なると、認定機能が麻痺する懸念が付きまとう。そのような懸念を払拭する途の一つが、他の国の第三国定住受入方式による多くの居留難民の引取である。米国によるハンガリー難民の引取は、オーストリアの負担を未然に軽減した、と見ることができる。

　ただし、第三国定住受入を認める一国では、その受入により、とりわけ条約難民認定申請者または庇護申請者に不公平感を生ずるおそれは避けられない。前述のように、大量難民の難民認定の際にしばしば用いられる「一見して明らかに」難民と推定される者(prima facie refugee)かどうか、という基準と、条約難民の認定審査の際に用いられる難民条約上の難民概念定義上の諸要件の具備如何という基準との間にギャップがあり、結果として難民と認定される者の範囲にズレが生ずる可能性があるからである。

　そのギャップおよび認定される者の範囲の違いが大きく意識されることにならないようにするには、prima facie認定による難民認定の場合も、条約第1条C項およびE項に定める難民資格終止原則および第1条F項に定める排斥原則に、明らかに該当する者を排除する努力が必要とされる。また、第三国定住受入方式による難民も、条約難民認定による難民も、ともに本国での迫害のおそれがあるためにnon-refoulement原則による保護を受ける立場にあることを説得する必要がある。さらに、第一次庇護国若しくは経由国による暫定滞留(在留)の許可および第三国による定住受入が、移民受入ではないことも説明されるべきである。

　それでもなお、ギャップは残る。そこで、ギャップを解釈技術に委ねて融合・穴埋めし、または新たに開発される中間的な基準によるギャップの解消に期待するのではなく、ギャップはそれとして、それぞれの基準によって難民と認定される者の間での法的処遇をできるだけ平等にする

他はないと考えられる。

(3) 難民条約規定の第三国定住受入枠組への関わり

難民条約では、第三国定住受入方式に直接的に触れている規定はない。同条約作成のそもそもの経緯と作成趣旨から見れば、このことは当然の成り行きであった。それでもなお、第三国定住受入を認められる難民について、その受入までに経由地とした経由国または第一次庇護国において認められるべき処遇に関する原則が、若干定められている。それは、同条約第30条の、第三国移動に伴う資産移動に関する原則と、第31条2項の、迫害国から直接来た者に対する第三国による入国許可までの猶予期間中に与えられるべき暫定在留許可に関する原則である。この原則については後述する。

5. わが国へのインドシナ難民の到来と第一次庇護国としての受入、海外からの定住受入に関して提起される諸問題およびそれらについての考察

到来したインドシナ難民に対するわが国での対応および処遇の事実関係については、別の論考で述べられるので、本稿では、到来したインドシナ難民の処遇に関して提起され、または内含されている法的な問題に焦点を当てることにする。

(1)「踏み石（stepping stone）」としての経由国、日本での暫定的滞在

不規則的な間隔であるにしても引き続いてわが国に到来するベトナム難民は、1978年にベトナム難民について定住受入策が設定されるまでの数年間においては、わが国から旧出入国管理令上の海難救助者として短期の在留許可を認められたものの、わが国による難民としての受入を求めることはなく、米国など他の国による受入を求め、その受入希望が叶えられるまでの一時期、わが国に滞留することにしていた。言いかえれば、わが国領域は経由国（stepping stone）としての意味を有するにすぎなかった。当時、わが国は難民条約に加入しておらず、難民の認定やその処遇に関する国内法的な整備も用意されていなかった。それでも国内では、多くの民間または公共の団体・施設が難民支援に当たった。

ところが、このことがかえって、法的な問題を生む可能性があった。難民条約締約国によっては、すでに他国の保護を受けている者については難民保護としての受入を認めない、という原則が定められていた[32]。この、いわゆる第二次庇護否定の原則によれば、わが国領域を「踏み石」として暫定的に在留することを意図している難民に保護を与えることが、他国による受入可能性の途を塞ぐことになる、という皮肉な結果を生ずる。難民条約第1条E項では、滞在中の国の

国民と同等の権利義務を与えられている者に対して難民資格は認められない、という趣旨の原則が定められている。しかし、人権尊重および人道主義の立場を基礎としている難民条約の精神から見れば、暫定在留中の難民の人権保障に足りる保護は供与されなければならない。では、どの程度の保護が適切であるのか。この問題は一般に着目されることはなかったが、少なくとも理論的には、国際社会一般の問題として検討されるべき課題として、今なお残されている。この課題に関連して、難民条約では、経由国および難民の立ち去る第一次庇護国と難民との関係で、わずか2つの事項に関して原則が定められているにすぎない。

　第1に、難民が本国からの持参資産、または経由国および第一次庇護国での取得資産をどの程度、またどの範囲まで、定住受入が認められる第三国に移転することができるのか、という点である。第30条1項によれば、締約国は、難民が自国領域内に持ち込んだ資産を、定住のために入国を認めた他国に移転することを許可する、と定められる。しかし、その資産価値が大きく、または経由国若しくは第一次庇護国の経済若しくは社会にとって不可欠なほど重要である場合、その資産の移転は経由国若しくは第一次庇護国の重大な経済的および財政上の問題になることがある。例えば、財閥責任者である難民が経由国から、定住受入の第三国に自らの莫大な通貨を移転しようとすれば、経由国の財政に重大な影響を生じ、結果として国家間経済問題に発展することもあり得る。しかし他方では、自らの資産を当該第三国に移転することは、同国での自らの経済的自立を確保するためには不可欠な条件である、と主張され得る[33]。

　この点に関する難民条約作成過程での意見の対立は、移転資産の範囲の問題と、難民の資産移転の権利を再定住の支えに必要な限りとするのか、という点に集約された。妥協の産物として到達し得た結論は、再定住に必要な限り、という条件付きで、他方では当該資産の所在地の如何を問わないという条件緩和の下で、締約国は資産移転の申請に対して好意的考慮を払うことが約束された（第30条2項）。この「好意的考慮」とは、申請を受けた国の裁量に委ねられることを意味する。その裁量の適性および合理性について判定するための基準は明確になっていない。各国の難民条約適用について監督権を有するUNHCR（第35条）も、難民の資産移転の問題にまで審査の目を及ぼす権限を与えられているのか。この点については消極的に見ざるを得ない。

　もう1つの論点は、迫害国から直接、経由国または第一次庇護国に来た難民が、第三国による入国許可までの間に認められるべき暫定在留許可の原則（第31条2項）である。この原則によれば、迫害のおそれのある国はもちろんその他の国についても、そこへの退去など送出の強制は禁止される。ただし、必要な制限は認められていることから、移動可能な地理的範囲の限定は許される、と解される。しかし、収容施設、監獄または遠隔地などへの閉じ込めは、難民条約の精神から見ても許されない[34]。

(2) 暫定的滞留難民および東南アジア諸国滞留中難民のわが国への定住受入

　東京サミットおよびインドシナ難民国際会議での合意に沿って、わが国も、インドシナ難民全般に広げての定住受入政策を閣議了解の形式の下に導入することになった。その導入の姿勢は、

他の諸国と足並みを揃えることに比重が置かれていた分だけ、主体的発想には程遠いが、植民地支配または軍事・政治・経済上功利的に利用し得る限りで難民の処遇を認める第二次大戦前からの伝統的な方針[35]に比べれば、大きな転換といえる。

ただし、東南アジア諸国の大量難民滞留の負担による疲弊につけ込む共産勢力の伸張を警戒して西側陣営の連帯関係の強化を西側諸国に訴える米国政府の思惑に応える意味もあった。それだけに、個々人に対する難民性の審査はにいっそう概括的になって、インドシナ地域からの流出者はほとんど難民として扱われた。このような扱いは、米国が一定地域からの大量難民に対して一定人数枠の用意の下に定住受入を認めるという、ハンガリー難民やキューバ難民の自国内受入のために設定した方式に倣うものであった。ただし、米国と違って移民受入政策を基本的に導入していない国の受入方法では、この受入方式による難民処遇上、難民の将来に関する考え方の違いから、米国での処遇と異なる面も指摘される[36]。

(3) インドシナ難民定住受入に関して露呈された問題点

わが国のインドシナ難民定住受入制度では、定住インドシナ難民と条約難民との関係が曖昧であった。そのため、定住が認められた難民の中から、あらためて難民条約上の難民としての認定を求める者が続出した。わが国は1981年10月に難民条約に加入（1982年1月1日から国内適用）し、その国内適用のために、主として難民認定手続に関する基本的原則を加えた出入国管理及び難民認定法が、従来の出入国管理令に替えて制定された（1982年1月1日から適用）。この法律に基づいて条約難民と認定される者の数は、法律適用の当初、かなりの数にのぼったが、そのすべてが、定住を認められたインドシナ難民の中の、その認定申請によりあらためて条約難民と認定された者であった。なお、条約難民としては不認定になった者も、定住受入インドシナ難民の地位を失わないとされた。

インドシナ難民が確認程度のチェックを経て各国により定住受入を認められることは、他地域からの難民から見ると、機械的（automatic）是認の難民認定および定住受入許可であり、不平等である、という批判の声が上がった[37]。また、定住受入を認める各国にとっていっそう深刻な事態になったのは、難民性を騙る不法入国者の混入であった。そのため、インドシナ難民国際会議では、「包括的行動計画」が設定され、それにより、インドシナ難民についても条約難民に準じた認定基準が適用されることになった。それに伴って、定住受入を認められるインドシナ難民の数は、1980年後半から激減した。

(4) インドシナ難民定住受入方策に対する評価と課題

インドシナ難民の定住受入策に対する国際社会での評価は、功罪半ばする。

第1に、大量の難民の流出と流入という事態が生じた場合に、広い国家間の責任分与に基づく協力が、第三国定住受入という具体的な方式によって初めて具現化された。第一次大戦後の、

例えばロシア難民の場合にも、第三国定住受入のような、人の移動の流れの図式が現れたけれども、それはカネ・モノ・ヒトの国家間移動に伴って自然発生的に生じたのであった。それ以降、第三国定住受入の仕組についての国家間合意は実現されなかった。第二次大戦後のハンガリー難民の米国による受入は、第三国定住受入ではあるが、条約のような国家間合意による協力に基づくものではなかった。

　第2に、定住受入が認められたインドシナ難民は、移民受入という基本的な政策をもたない国では、条約難民と別枠の難民として処遇された。その区別は、定住受入後のインドシナ難民の将来の法的地位に関して条約難民との較差の表面化を予測させていた。

　第3に、定住受入が認められるインドシナ難民については、実質的な難民性審査なし、または難民性に関する「一見して明らか（prima facie）」な推定による、とされた。そのことが、他地域からの条約難民認定申請者には不平等感を抱かせた。さらに、豊かさを求めて国家間移動を求める大量の人々の中には、実質的な審査なしの、またはprima facie認定という簡便かつ好意的ではあるが隙の多い審査制度を、欺瞞的に利用して定住受入の枠内に潜り込もうとする者が多数現れることになった。そのため、インドシナ難民定住受入方策は失敗に終った、と評価されている。そのような評価下落の証左として、グッドウィン＝ギル教授は、第三国定住受入地点の数が1980年代初めでは20万余箇所に達していたが1990年代には5万箇所にまで減じたことを紹介している[38]。

　第4に、第三国定住受入方式は、永続的解決の方法の中で、自発的帰還ができず、第一次庇護国による受入も不可能である場合の最後の方法である[39]、という序列意識下に置かれ、または他の永続的解決方法に対して補助的な意味を有する[40]、とされる。しかし逆に、それだけに、第三国定住受入方式は、条約難民認定に基づく難民受入という方式をその背後において常に担保しているという点で、重要な意味を有していると見ることができる。

6. Global Consultationを契機とする第三国定住受入の枠組に対する再評価と側面から指摘される問題点についての若干の考察

　国連全権会議による難民条約採択から50年目に当たる2001年に開催された世界難民問題専門会議（Global Consultation）では多くの問題が検討されたが、その中の重要問題の一つが第三国定住受入に関する問題であった。そこでの検討に基づいてUNHCRが整理し、『第三国定住受入ハンドブック2004年（Resettlement Handbook 2004）』として纏めたガイドライン原則のうちの、関連部分を紹介し、なお残る問題を指摘する。

(1) 第三国定住受入の枠組についての新たな意味づけと見直しの方向

　インドシナ難民についての第三国定住受入の経緯は、UNHCRに反省を迫ることになった。1970年代および1980年代の大規模な第三国定住受入計画は、純正の難民のための保護という、UNHCRにとっては核心的な原則から乖離して、むしろ移民受入制度類似の計画に比重が置かれることになってしまった。グッドウィン＝ギル教授の評価によれば、「UNHCRの計画は、各国の受入能力を超えるもの」になっていた[41]。また、この定住受入方式に対する不法入国・在留者による乱用の多発が、UNHCRの計画に対する各国の信頼を失わせた。その結果、第三国定住受入計画に対する幻滅感を各国間に広げることになり、究極的には、難民保護という核心的原則を担うUNHCRの任務を危険に曝すことになった。こうして、第三国定住受入方式は、本国への自主的帰還および第一次庇護国による受入という永続的解決方法に対して追加的または残余的な手段と見られるようになった。また、各国が難民の受入の義務化を認めないから第三国定住受入方式は必要とせざるを得ないのだ、という婉曲的な見方も表された。

　しかし、第三国定住受入方式の、国際難民保護システム全体の中での重要性は、歴史的にも検証されるのであり、それゆえに、統合的な枠組の下に第三国定住受入方式を見直そう、という試みが、UNHCRから打ち出されている。このような意図の下にUNHCRは、発表した『第三国定住受入ハンドブック2004年』の中で、今後への見直しの方向として3つの原則を掲げて[42]、それらを統合するアプローチを目指す、としている（Chapter 1）。すなわち、第1に、核心的原則としての難民保護の任務に、UNHCRの焦点を向け直す、第2に、第三国定住受入計画を、包括的対応の中の重要かつ不可欠な一部として位置づける、第3に、世界全体での国際責任分与を表すメカニズムの構築を実現する、の3原則である。

　しかし、UNHCRの計画が、現実的な視点から各国の責任能力に合わせて計画内容を構想することを意味するのであれば、結果として、従来からの国家エゴイズムや財政的困難などの理由に引きずられて、その計画が縮小されてしまう可能性がある。

　また、『第三国定住受入ハンドブック2004年』では、UNHCRは計画見直しの具体的方法として、次の3点をあげる。すなわち、第1に、難民状況毎の完全な分析を行い、それによって最適な解決方法を策定する、第2に、とりわけ手続乱用・欺瞞的利用を防止するとともに、第三国定住受入方策に関連する手続の効果性および透明性を維持し、UNHCRの計画への信頼性およびその一貫性を確保する、第3に、UNHCR規程の原則に沿う難民保護を行うために、計画の対象となる難民の範囲を再確認する、の3点である。

　第1の方法が当然であることは、あらためて言うまでもないが、インドシナ難民定住受入策の場合は、共産主義勢力の伸張の懸念への対抗という政治イデオロギー的要因に突き動かされたものであった。第2および第3の方法に関しては、難民の範囲の再確認とともにその範囲の難民か否かについての認定方法の再検討が必要となる。

(2) UNHCRが責任を負うべき難民（マンデート難民）の再確認

　マンデート難民の第1は、条約難民である。

　第2のマンデート難民は、生命・身体の保全・自由に対する重大かつ無差別な脅威で、しかも一般に広まっている暴力または公的秩序に対する深刻な混乱から生ずる脅威の理由により、本国の外にいて本国に帰ることができず、国際的保護を必要とする者である。なお、第2の範囲のマンデート難民概念については、難民条約未加盟国からUNHCRによる認定を要請される場合に、UNHCRはその概念を基準とすることが紹介されている。また、第1のマンデート難民については、条約難民の定義上の概念とは、条約規定上にある迫害理由としての「特定の社会的集団の構成員であること」が欠けている点で異なっている。しかし、拷問等禁止条約などの人権諸条約の成立や、OAU難民条約上の拡大難民概念およびカルタヘナ宣言上の難民概念の、UNHCRマンデート難民範囲への運用上での吸収などのその後の進展によって、UNHCRマンデート難民範囲の解釈上では上記の点での差異はほとんど意味を有しなくなっている。

　しかし、問題は、マンデート難民概念の中の条約難民に関するUNHCRによる解釈と、難民条約締約国による条約難民概念に関する解釈との間のズレを、どのように解消するか、である。この点についての積極的な問題解消策は示されていない。また、UNHCRとしては個々の事例において、マンデート難民の範囲に属する者について条約難民とそれ以外の難民を明確に区別することはない。このことが、UNHCRの認定に対して各国が距離を置く余地の理由とされている。

　その一方で、UNHCRは、条約加盟国によっては難民条約規定、とりわけ難民概念規定の誤用があり、難民概念定義上の迫害理由についての、UNHCRの見方によれば一般的な理解と一致しない解釈が下されている、と指摘する。また、形式上または手続上の理由に比重を置くあまり実質的な理由を軽視または無視する結論になっている事例や、実質的理由についての捉え方がUNHCRとしては同意し難い事例もある、と指摘する。例えば、性に関わる迫害を受け、または受けるおそれがある例や、難民資格認定申請者に対して不合理な程にハードルの高い立証責任が課せられる例がそれに相当する、とする。

　条約締約国による条約運用および解釈に関する上記のような状況を改善するためには、UNHCRが、難民条約第35条に基づいて条約締約各国から受ける条約履行状況報告を監視して、適時、一般的な形でのガイドラインを発表することに終るのではなくて、その監督権限をいっそう強化する必要がある。そのための方向の一つとして、各締約国の履行状況報告について審査し、さらには、締約国の審査機関のいずれによっても難民性不認定と決定された個人からの訴えを受けてそれを審査するというような、国連自由権規約委員会、拷問禁止委員会、女性差別撤廃委員会など、難民条約採択後に成立している国際人権諸条約の履行監視に関する各委員会において実現されている監視および審査の仕組を取り入れていくことが求められる。このようにして、UNHCRの見方と条約締約国のそれとの間のギャップを縮めることが、第三国定住受入の対象者についてのUNHCRの認定に対する諸国家の信頼を取り戻す結果を導くことになる。

(3) UNHCRのprima facie認定方法の再検討

『第三国定住受入ハンドブック2004年』に示されたUNHCRによる難民認定方法に関して、具体的に最も注目されるのは、prima facieの方法である。難民の大量集中化という状況の下では、この方法が、とりわけ迅速性の確保という点で最も効果的であるだけに必須となる。しかし、他方では、この方法では、前述のように手続を乱用して難民の範囲に潜り込もうとする者を排除することは容易ではない。そこで、UNHCRは、prima facie方法による認定の精度を上げるために、次のような基準を提示している。すなわち、①多くの流入者に関して難民性の存在を示唆する状況が存在していることの把握、②保護・支援の必要性に、極度の緊急性があるか否かについての分析、③反証の機会の保障、④排斥原則（条約第1条F項）の遵守、⑤UNHCR独自の認定方法の、各国による導入への働きかけ、である。

①および②の基準は当然である。③の基準の必要性は次の点にある。prima facieの方法が推定を本質とするだけに、この方法によっては真に難民性を有する者を見落とす危険は避けることができない。この危険を少なくするための担保として、反証の機会という手続上の条件が付される、と考えられたのであろう。④の基準は、世界難民問題専門会議の各会合が、米国で起きた同時多発テロ直後に開催されたことにより、それらの会合で難民条約上の、難民資格を最初から認めないとする排斥原則（条約第1条F項）が強く意識されたことによる、と推察される。この原則への留意は当然ではあるが、UNHCRの認定に対する各国の信頼性を高めることになる。⑤については、難民条約締約国が、迫害のおそれの「十分に理由のある恐怖」という難民の定義規定上の条件を根拠に、難民認定手続において申請者に立証責任を負わせる、という原則を設定しているだけに、その立証責任の程度については緩和する方向にあるとはいえ、UNHCRのprima facieの認定方法と同様な方法を導入することに躊躇するであろう。

7. 日本の第三国定住受入施策に関する国際的側面での課題

わが国政府が主体的に、第三国定住受入方式によるミャンマー難民受入を計画し実施していることは、功利的思惑や同盟関係堅持という国家エゴの観点の下でのみ他国からの働きかけに難民保護に受動的に応じたという、従来の姿勢に比べれば、大きな前進である。しかし、それはわが国の国内向けの意義であるにすぎない。日本国憲法で日本国の国是として謳いあげている国際平和主義や人権尊重原理が、日本国内向けだけではなく国際社会にも向けられている、と理解されるならば、今回の第三国定住受入策は、国際社会に向けて難民保護のための国家間責任分与体制（例えばアジア・太平洋地域国家間での難民保護責任分与体制）を確立することを国際的に働きかける手がかりとして発展的に意味づけられるべきである。また、わが国のこのような理念または人間

安全保障戦略が人権尊重理念に深く根差していることを理解し、諸国民から理解されることにも、大きな意義がある。

1　例えば、小泉康一「日本におけるインドシナ難民定住制度──強いられた難民受け入れと、その後の意味」『大東文化大学紀要〈社会科学〉』48号、2010年、37頁以下。
2　国際難民機関憲章前文第4文、1946年。
3　「庇護国」という用語の中の「庇護」の国際難民法上の意味は、少なくとも入国許可、在留許可および迫害国への追放・送還強制の禁止（non-refoulement）を含む、とする点では内外の学説は一致しているが、それ以外に、人間性維持のために最小限必要な生活保障まで含むか否か、では学説は一致していない。筆者は肯定的に解する。難民資格認定上、経由国での生活の程度如何が難民性の判断に関わることがあるからである。この点についての詳細な検討については、本間浩『個人の基本権としての庇護権』勁草書房、1985年、102～103頁。
4　Goodwin-Gill, G. & McAdam, J., *The Refugee in International Law,* 3rd ed., Oxford University Press, 2007, p. 477.
5　Hathaway, J., *The Rights of Refugees under International Law,* Cambridge University Press, 2005, p. 963.
6　*ibid.*, p. 964.
7　Goodwin-Gill & McAdam, *op. cit.* (supra note 4), p. 248.
8　Goodwin-Gill & McAdam, *op. cit.* (supra note 4), p. 246.
9　Sale v. Haitian Centers Council, Inc., (1993) 509 US 155.
10　「公の秩序」という概念が曖昧である、として、グッドウィン＝ギル教授は、この概念が難民条約規定上に置かれていることの問題点を指摘する。Goodwin-Gill & McAdam, *op. cit.* (supra note 4), p. 235.
11　田中英夫教授（『英米法辞典』東京大学出版会、1991年）によれば、due processの語は、手続面での正当性ばかりではなく実質面での正当性をも含む、と解されるようになっているので、「正当な手続」と訳すよりも「正当な過程」と訳すべきである、との見解を明らかにしている。それを参考にして本稿では、「正当な過程」の訳語を用いる。
12　また、拷問等禁止条約第3条に定める non-refoulement 原則違反にもなる可能性がある。
13　Goodwin-Gill & McAdam, *op. cit.* (supra note 4) p. 499.
14　難民条約上の難民概念定義規定との違いは、UNHCR規程第6条規定では、迫害理由としての「特定の社会的集団の構成員であること」という理由が規定されていないことである。また、難民条約では「1951年1月1日前に生じた事件の結果として」という時間的制約が付されていたが、UNHCR規程第6条B項の規定ではそのような時間的制約が外されている。なお、難民条約上の時間的制約は1967年難民議定書により削除された。
15　正式名称「アフリカにおける難民問題の特殊な側面を規定するアフリカ統一機構条約」。1969年9月採択、1974年6月発効。なお、アフリカ統一機構は2000年にアフリカ連合に移行された。
16　1984年中央アメリカ国際難民保護会議により採択。
17　UNHCRは、Resettlement Handbook 2004 の中の Chapter 3 でその見解を示している。
18　UNHCR, Department of International Protection, *Resettlement Handbook,* 2004, Chapter 3.3.
19　ドイツ連邦共和国では、インドシナ難民は「難民分担受入法」（1980年制定）に基づく難民とされ、暫定的受入を認められる一方、条約難民とは区別された。その区別の実際上の内容については、本間・前掲注3、334～345頁。日本では、実質的な区別は置かれなかった。
20　ベトナム難民に関して、水難事故により失命する危険を冒してまで本国を逃れようとしているのだから難民と推定されるべきである、という論理の下で、ベトナム難民が条約難民と区別されることに、国際社会での批判が向けられたことが、一時、あった。
21　ただし、その責任の程度および範囲については、論者によって温度差がある。この問題については別の機会に考察することにする。
22　Goodwin-Gill & McAdam, *op. cit.* (supra note 4), p. 498.

23 家族結合（family unity）原則を第三国定住受入策に取り込むべきか否かの問題に関しては、ExCom Conclusions No. 24 (XXXII), Family Reunification, 1981, para. 7。
24 Goodwin-Gill & McAdam, *op. cit.* (supra note 4), p. 499.
25 Marrus, M., *The Unwanted: European Refugees in the Twentieth Century,* Oxford University Press, 1985, pp. 29-32, 74-81.
26 本間浩『難民問題とは何か』〔岩波新書〕岩波書店、1990 年、56 頁。
27 本間・前掲注 26、61 〜 64 頁。
28 1936 年の暫定協定 171 LNTS No.3952. 1938 年の協定 191 LNTS No.4461.
29 「人種、宗教、国籍または政治的意見の理由で迫害を受けるおそれという恐怖」。国際難民機関憲章 Annex I, Part I, Section C, 第 1 条 (a)(i)。
30 Marrus, *op. cit.* (supra note 26), p. 345.
31 このような解釈はドイツ連邦行政裁判所判決上で表された。本間・前掲注 4、78 〜 79 頁。
32 ドイツ連邦の 1965 年制定「外国人法」第 28 条ただし書き。この原則の導入の経緯については、本間・前掲注 3、53 〜 54 頁。この原則は、現行の「庇護手続法」でも踏襲されているばかりではなく、多くの他国でも導入されるようになった。
33 この点の議論の紹介については、Hathaway, *op. cit.* (supra note 5), pp. 967-972。
34 Hathaway, *op. cit.* (supra note 5), p. 965.
35 本間・前掲注 26、128 〜 138 頁。
36 ドイツでは、インドシナ難民のドイツ定住は暫定的なのであり、それゆえにこれらの難民に対するドイツ語研修のレベルを、日常会話に必要不可欠な程度とした。本間・前掲注 3、335 頁。
37 Goodwin-Gill, G., *The Refugee in International Law,* 2nd ed., Oxford University Press, 1996, p. 221.
38 *ibid.*, p.279.
39 The Sub-Committee of the Whole on International Protection, 'Resettlement as an Instrument of Protection', UN doc. EC/SCP/65, 9 July 1991.
40 Hathaway, *op. cit.* (supra note 5), p. 975. また、ハサウェイ教授は、第三国定住から本国帰還に振り子が振り戻されて本国帰還を最良の解決方法、第三国定住を最も望ましくない方法とする見方に対して最良とは誰の目から見てのことか、と批判している Fredriksson 説を紹介している。*Ibid.*, p. 977.
41 Goodwin-Gill & McAdam, *op. cit.* (supra note 4), p. 500.
42 UNHCR, Department of International Protection, *Resettlement Handbook,* 2004.

特集　第三国定住

論文
第三国定住の復権？
保護、恒久的解決と負担分担

小泉康一　大東文化大学（難民・強制移動民研究）

―― key words ――
第三国定住、庇護、負担分担／Resettlement, Asylum, Burden-sharing

1. はじめに

　難民の保護は、「国際難民制度」の根幹である。「第三国定住」（以下、〔再〕定住という）は、「自発的帰還」と「現地統合」（第一次庇護国での統合）とともに、難民問題を解決するために国際社会が合意した3つの恒久的解決策の1つである。帰還は常に国際社会が好む恒久的解決策であり、冷戦終結以降、最も有力な解決策であった。しかし過去十数年益々、第一次庇護国（以下、庇護国とも使う。同義。多くは途上国）側が難民を帰還させるために継続的に難民を追い返す中で、国際機関の間で帰還策の限界が理解され、方針への微妙な揺らぎが出てきた[1]。帰還が持続するためには、今や帰還した国で国家の弱体さと闘い、国家建設では和解と再統合が必要なかなり長期の過程だと認識されている[2]。また成功した帰還計画でさえ、「帰還ができない残余の人々」（residual protracted refugees）が、かなりの数で存在することが認められている。

　3つの恒久的解決策は、既に「国際難民機関」（the International Refugee Organization: IRO, 1946-51）の法令の中に明記されている。その言葉は、「1951年国連難民条約」（以下、難民条約）を採択する時、各国の国連全権大使の仕事を促している[3]。この会議では、満場一致でいくつかの勧告意見を採択したが、特に「勧告D」（庇護と定住での国際協力）は、各国政府に自国の領域内に難民を受け入れ、これらの難民に庇護が与えられ、定住の機会が得られるよう、真に国際協力の精神で協力して活動することを求めている。この勧告は、庇護を与えることができないか、保護の水準が不十分な場所では、定住が難民保護を確保する、主要な選択肢となっている。

　難民制度の要は、難民条約である。それは第二次世界大戦直後にあらわれ、大戦により欧州内で難民となった人々への、国家の対応を調整する手段として元々は考えられていた。同条約は、難民の定義と、国家に対しそれに該当する人の持つ権利を定めた。難民制度は、その後、他の条

約、種々の地域条約、実施措置によって補足されている[4]。

　もう1つ、難民の国際保護は、「国連難民高等弁務官事務所」（UNHCR）の委任事項である。同機関は、難民への保護を確保し、難民のために長期的な解決をし、国家が難民条約の下で義務を果たすよう監視する責任を与えられている。この責任は、1950年12月14日の国連総会決議428（V）号で、UNHCRに与えられている。難民に保護を与えるという責任につなげて上記の3つの解決策を通じた恒久的解決の追求である。

「難民になる」という難局で人が実際に遭遇するのは、難民として、そして人間としての最も基本的な諸権利の使用が限られ、何年もの間、難民キャンプや定住地に押し込められ、いわゆる「滞留難民状況」（protracted refugee situations）[5]に陥ることである。滞留難民状況への関心が高まり、そして難民及びそれに準じる強制移動民が益々、経済的、政治的問題を抱える"混合移動"をしているという政策担当者の認識とあいまって、アフガニスタンのような人々の移動の複雑さは、恒久的解決をもう一度、独創的に考えねばならないことを示している。

　大量の数の難民を抱える第一次庇護国は、自分たちの地域社会への負担・圧力を軽減するために[6]、敏速かつ、より柔軟な定住手続きを求めている。近年、第一次庇護国での統合の機会は一層限られてきている。1990年代半ばから、世界的な庇護危機が広く認識されるようになってきた。ある推計によれば、世界の庇護申請者総数の4％が自ら進んでの移動か、定住計画を利用して域外の国々に移動している[7]。先進国、特に欧州の国々は、庇護申請者の増大を移住問題及び、安全上の脅威と感じた。

　深刻な事態に直面して、これまで難民を定住させてきた国々（伝統的定住国。先進国が多い）は、自分たちの庇護法、移民法、政策を転換し、難民問題に対処するために、これまでの長い人道的伝統に制約を加え、各種の制限措置を講じている。ビザ取得の義務付けや、書類不備の乗客を運んだ航空機への罰則規定、海上での阻止と監視などの様々な移住管理の仕組みがとられている。伝統的定住国での庇護の制限は、真の難民の利益を害すると見られている。

　他方、多くの"南"の国では、国際的な負担分担が下降する中で、国内で滞留する難民の数が増え、入国する難民数を制限しだした。以前は難民に寛大だったタンザニアのような国も難民の強制送還や追放に踏み切った。

　冷戦終結以降、西側の庇護の余地は縮み、定住のためにUNHCRが必要とする人数と、各国から提供される人数との間に大きな格差が生じている。庇護の下降は、いくつかの要因から起きている。例えば、冷戦終結以後、難民の地政学的な価値が大きく低下したし、EUをはじめ欧州各国内の政治状況が複雑化した[8]ことがあげられる。

　世界には大きな多様性があり、すぐ南北と単純な二分法はできないが、しかしそれでも、この見方は国際難民制度の重大な力学を示している。難民の文脈では、"北"は工業化した第三の庇護国と見られ、一般に難民の出身地域外にあって比較的に強固な国境管理と司法制度を持っている。"南"は、難民を生み出し、原因国地域内にあり、難民の通過国になり、第一次庇護国となる。

　"北"の国々は事実、"南"で保護を支える代わりに、難民や庇護申請者が自領域に到着するのを阻止しようと国境管理に資金を配分するという誤った考え方をしてきた[9]。国際社会は、難民の原

因に対し政治関心を失い、難民保護は最低の水準まで押し下げられている。これは国際保護を効果的に実施する上で、大きな政治的障害となっている。この"保護の政治"(politics of protection)という現状を認識することは、難民保護と問題の長期解決の上で重大な意味を持っている。

　これらの圧力の下、難民定住は今、移行期にある。構造的変化が生じ保護の認識が変容する中で、難民移動には独自の経済があり、特定のニーズを持つ難民グループがいる。定住は、難民が最初に保護を求めた国から恒久的な居住地位を彼らに認めた第三国へ、難民を選び、移動させ、その国に統合することである。定住は一般に多くの人が考えるほど単純で容易な構造ではない。定住は複雑な事業である。本稿では、定住をめぐる思考の枠組みについて、そのいくつかの基本的な問題に答えてみたい。

2. 定住とは何か

(1) 定住の3つの役割

　難民定住は、国際難民制度の中で多面的な性格を持つ。難民保護の形としての定住を議論する上で、この政策の役割を考えることは重要である。定住には、伝統的、かつ価値が等しい3つの目標と役割がある[10]。それは、①個々の難民への強力な〈保護手段〉(生命、自由、安全、医療、他の基本的権利)であり、②権利の尊重も、帰国もできず、庇護国にも統合できない人々への〈恒久的解決の手段〉であり、③過剰負担の庇護国とともに、他国が難民への責任を〈負担分担する手段〉であり、国際連帯である。

　先進国も発展途上国も、難民の一時保護や活動の制限を選び、帰還までの間、難民キャンプに収容する。庇護国にある難民キャンプは、多面的な紛争の中で往々にして1つの派の管理下にある(例は、1970年代末、80年代のタイでのカンボジア難民、1990年代の旧ザイール東部のルワンダ難民)。そうした状況で異なる党派に関係する難民は、攻撃の対象になる[11]。多くの場合、庇護国の法制度は、難民が犠牲にされても介入できないか、それを望まない。定住は、このように難民集団の中にいる特定グループが地元民と緊張を引き起こしたり、身の安全に懸念のある所では、"安全弁"として働きうる。UNHCR執行委員会は、保護の手段として定住との間の繋がりを再確認している。

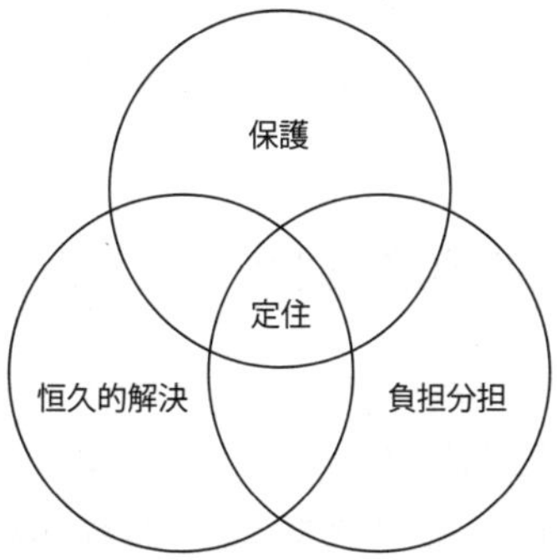

　定住のもう1つの使い方は、難民への恒久的解決の提供である。難民個人やその集団の定住が唯一の解決策である場合、この解決策をとることで定住国は、難民保護を果たすことができる。難民が、密輸業者に多額の金を支払って危険な旅をするのではなく、代わりに彼らに、恒久的で効果的な保護の機会を与えることができる。難民保護を確保する唯一の方法は、彼らを個人単位で定住させることである。UNHCRの定

図1　定住の役割

住活動は、主に条約難民に限られているが、アメリカ、カナダ、オーストラリアは、UNHCRの斡旋・照会以外の手段で保護の人々を受け入れている[12]。

　さらに恒久的解決としての定住の重要な役割は、各国々が、巨大な数の難民流入に直面した国々との連帯を示し、保護の負担を分け合うことである。定住の目的のひとつは、第一次庇護国との連帯の表明である。個々人の保護とある種の難民への恒久的解決を超えて、定住は、他国が難民への責任を分け合うことを第一次庇護国に確約することで、難民保護への支援をより広く果たすことができる[13]。旧ユーゴで紛争が1992年に発生した時、難民の域外定住計画が実施された。この計画で、1992〜94年に欧州とアメリカを中心に25ヵ国以上で、約2万8000人が定住した。伝統的な定住国による域外定住は、難民の物理的安全か基本的人権が危険な、非常に例外的な場合でのみ実施されている。通常は、域内定住が図られる。

　しかしそのEUでは、公平で安定した負担分担制度を作ることはできなかった。1999年のマケドニアからのコソボ難民の「一時保護」(temporary protection、定住ではない)を与えた「人道的退避計画」(the Humanitarian Evacuation Programme)はいかにEU各国が外交政策で異なり、定住への難民政策で異なるかを示している[14]。

　今日、国際保護の必要な人々は、できるだけ彼らの帰国を容易にするために原因国との国境付近に置かれる。場合によっては、人々は原因国内に留まることが奨励されてきた。特別の"安全地域"(safety zones)の合意の下に、計画は実施されているが、そのいくつかは好ましくない結果に至っている。大量流出状況での安全地域への移動は、解決になるとは考えられていない。

　UNHCR執行委員会は、国際的な負担分担の文脈の中で、仮であれ、受け入れ人数の上限を設定し、定住機会を提供するよう各国政府に求めている。主要定住国は、関連費用を予算化し受け入れを続けている[15]。過去何年かの数字を累積すると定住数は高いように見えるが、しかしベトナム難民での「包括的行動計画」(CPA)を除けば、定住は毎年、UNHCRが責任を持つ世界の難民総数の1%にも満たない約10万人である[16]。定住を求める難民数は、各国から得られる総定住数をはるかに超える。圧倒的な数字の不均衡にもかかわらず、年平均1万人以上の枠が満たされないまま終了する[17]。

　世界的に見て、定住の必要数は一体どの位あるのかという確たる数字はないものの、現実に各国から入手可能な人数より、多いことは確かである。ある推定では、現実には年に10〜25万人が必要だという。しかし真の数は、もっと多いのかもしれない。結論から言えば、ある国でどの位の数の難民を受け入れるのが適当なのかを決定する「数の指針」はない。受け入れに際し、「数」をどう使うかは、現実に量として、そして計画の性質を決める上で重要である。

(2) 恒久的解決

「恒久的解決」は、難民の生活に安定と安全を取り戻す大前提である。よくいわれる3つの恒久的解決とは、前述のように「自発的帰還」、「第一次庇護国での統合」(現地統合)、そして「第三国定住」(定住)である。これらの解決策は全て、市民権の制度を通じて国民国家と難民の間の保護と

いう繋がりを再び確立するようにしている。定住は、保護策として独立してあるわけではなく、包括的な保護手段の不可欠の一部である。

　1980年代まで、3つの解決策は、状況に応じ恒久的解決策として多少とも同等の位置を占めていた[18]。しかし1985年のUNHCR執行委員会は、アフリカでのUNHCRの援助活動が難民の生活支援策に囚われて、先進国側の負担経費が莫大になったことから、恒久的解決として、自発的帰還を最善のものとし、第三国定住は「最後の手段」(a last resort)とした。さらに1980年代後半、インドシナ難民の定住計画で、彼らが真に難民か否かの疑いが出て、主要定住国は他の難民に援助の焦点を移し、UNHCRが斡旋・照会するケースから遠ざかった。UNHCRに提供される定住数が次第に低下しただけではなく、その影響で定住は益々'a last resort'とか'least desirable'（最も望ましくない）のように表現されるようになった。

　その後数年間、今度は定住を弁護する動きがあった。既に1991年に保護手段としての定住概念の価値の再確認が行われてはいたが、1997年に難民高等弁務官はNGOを含めた「年次三者協議」(Annual Tripartite Consultations)で説明し、'a last resort'の解釈は、「最も価値がなく必要がないことを意味せず」、「多くの難民にとって最善あるいは唯一の選択肢である」と述べた。しかし実際のところ近年まで、UNHCRも各国も、定住という解決策が真に他の解決策と等しく、保護の仕事を果たすとは考えてこなかった。UNHCRの文書(May, 1997)はいう。

　　「定住は究極的に、保護もしくは他の特別の理由のために、恒久的解決の必要がある難民が、帰国もできず庇護国にも安全に留まれない時に考慮される。定住の決定は、関係の個人の法的もしくは物理的安全を保障する選択肢も永続的な方法もない時にのみとられる。<u>難民を保護し、恒久的解決を促すため、UNHCRの好ましい目標は自発帰還である</u>」[19]（下線は筆者）

　主要な解決策としてはこれまで、上記のように帰還が推進されてきている。定住は、難民が自国へ戻れないか、第一次庇護国で十分な保護も統合もされない時、使われている。しかしUNHCR内部で定住の位置づけをめぐって不一致が見られたのも事実だが、多くの提言を含んだ「1994年UNHCR評価書」が出ると、UNHCRは定住のための難民選別法や審査のやり方を見直し、選別基準を改善してきたことも事実である。1990年代半ば以降、UNHCRは定住国と協力して定住計画を改善し、定住機会の調整を始めた。機関の考えとして、定住を主流化して現下の滞留難民状況へ包括的に解決を図る方向へと進んだ[20]。

　UNHCRは定住計画をより調整して行うために、いくつかの具体的な措置を取っている。1997年には、最初の『UNHCRハンドブック』が出され、以来定期的に更新されている[21]。現在は、解決の順序として一番底に定住を置く、"解決の階層制度"は廃棄されている。

(3) 歴史的経緯とUNHCR作業グループ

　難民定住制度を考える際、この制度には元来、ヨーロッパ的価値が"吹き込まれている"ことに

留意せねばならない。難民条約は、欧州中心の"色合い"が初めからついている[22]。西欧の国々は、難民保護の問題とUNHCRのアプローチの開発に大きな影響力を持ってきた。その考え方なり行動が普遍的なやり方となり、指針の源となり、一群の義務となっている。他方でそれは、地域的な考え方なり、取組みを発展させる上で抑制因として働いている。

　第二次世界大戦に続く定住は、戦争の犠牲者、特にドイツからの人々への恒久的解決に焦点を合わせた。その後、数的には小さいが1956年のハンガリー動乱の際にも定住は使われた。定住は多分に、政治的に動機づけられていた。オーストリアには何万人という難民が押し寄せ、定住は一時庇護を与えたオーストリアの負担を分け合う方策として使われた。

　1950年代、60年代を通じてUNHCRの定住活動の多くは、欧州難民に焦点が合わされていた。しかし1970年代、定住の焦点は、欧州からラテンアメリカ、アフリカそして東南アジアへと移動した。1970年代後半には、東南アジアでの政治的な激変で1976～89年に120万人を超えるインドシナ難民が定住した。

　1970年代から80年代、定住は主として負担（責任）分担の仕組みとなった。「1979年インドシナ難民国際会議」は、東南アジア地域内の第一次庇護と包括的な地域外定住に基づく負担分担制度を導入し、割り当て制がとられた。UNHCRはまた、「合法的出国計画」（ODP）を作り上げ、ベトナムからの合法的な出国の道を開いた。インドシナ難民定住計画は、定住の発展に大きな影響を持った。

　1980年代末、東南アジア地域の問題の好ましい解決策として、定住策を選ぶことで「包括的行動計画」（CPA）は、難民の「自国に戻る権利」と安全に「自国に留まる権利」を無視したと批難されてきた。一方で、UNHCRへのインドシナ難民定住計画の影響は深刻で重大だった。初めは生命を救う活動と見られたが、計画はまもなく"自動的な定住体制"に入り、定住という概念を持つ組織としては幻滅させられた[23]。主要定住国は、UNHCRの照会によらず自分たちで他地域の難民に目を向け始めた。

　1990年代、中東、アフリカ、旧ユーゴからの定住が続いた。多くの難民が定住したが、主要定住国はこれらの危機の際、定住でUNHCRの照会サービスを使わなかった。こうした状況は、各国の定住を見る目とUNHCR自体の定住認識と実際の対処に影響を与えた[24]。

　同じ時期、UNHCRは旧ユーゴ、アフリカ危機で人道援助を行い、難民の生活支援という役割に精力を注ぎ、帰還作業を進め、国内避難民（IDP）の保護にまで関与した。組織は拡張し、それまで数億ドルの年間予算は13億ドルとなり、スタッフ数は5000人を超えた[25]。

　国家の定住への関与は短期的なものであり、国家は一般に年毎に定住目標の数値を発表する。負担分担としての各国の関与の状況は、任意で予測できないことから、定住は極度に不安定な位置に置かれた。定住という解決策は、いつしか影が薄くなった。

　恒久的解決としての定住は、このように1990年代に入ると、その価値は急速に下降していた。UNHCRは1995年、状況の打開のために主要定住国に呼びかけて非公式の「定住作業グループ」（the Working Group on Resettlement）を結成した。グループには、主要な定住10ヵ国とUNHCRが参加した。後に、新（潜在的）定住国、IOMなどが参加した。グループでの討議は、

UNHCR執行委員会に報告されることになった[26]。作業グループの目的は、①定住活動の情報を共有し、他の執行理事国に定住の重要性への注意を喚起すること。そして、②他の国々が、定住に規則正しく参加するよう促すことであった[27]。

ところで問題は討議の中身である。UNHCRは1998年12月、定住国を増やし多様化する方法に課題があることを指摘[28]している。資金さえ与えられれば定住国になりうるという考えだったが、国の中にはそれが非現実的な考え方だというのが明らかになった。具体的には、①欧州外の新定住国の数が非常に限られること。それらの国々は、定住の法的枠組みがなかったり、あっても国内には既にかなりの数の難民がいること。②資金の入手は必要だが、それだけでは定住計画の実施には十分ではないこと。③定住は個々の難民との合意なしにはできないが、主要定住国での定住を希望した難民が新定住国での定住を拒否すること、などであった。

状況に対して、定住国側の基本的な態度の違いが明らかになった[29]。詳細に見れば勿論、国々毎に定住についての考え方に違いはあるが、ここでは説明の都合上「移民国側」(アメリカ、カナダ、オーストラリア)と「非移民国側」(欧州諸国、特にスウェーデン、フィンランド、デンマーク、オランダ)に分けてみたい。移民国は、定住を国際保護への関与とは見たが、同時に彼らは定住を通常の移民計画の一部として考えた。また、難民を経済開発の労働の担い手とみなし、難民の保護基準を具体化しようとはしなかった。これに対し、非移民国は、対象となる特定集団に対し保護を与えるというただ1つの目的から、人道援助の一環として定住を考えた。人道援助が本旨である以上、社会的な弱者(例えば、重度の障害者)が選ばれ、受け入れ側にとっても、経済的には勿論多くの困難を引き受けることを意味した。しかし移民国側は、欧州が考える医療ニーズを持つ人の援助が即、難民保護と同じだとはせず、深刻な医療状態にあるからといって難民とすることはできないと主張した。

移民国アメリカはいう。"欧州諸国は一般に、UNHCRが認めた難民を自国に受け入れる計画に参加していない"、"たった7ヵ国だけが毎年、総計3500人ばかりの難民を受け入れている。計画で到着するのが難民で、そのほか欧州には難民はいないのか"(庇護申請者の受け入れが少ない、の意味)、と。非移民国の欧州はいう。"アメリカはかなりの数の難民を受け入れているが、難民の用語は主として、定住させられた人々に使われ、庇護を求めてきた人々には適用されていない"[30]、と。

定住は主として、難民保護という人道的なものであるが、現実には、移民国及び非移民国の定住への考え方と方法が異なり、各国の定住規準や割り当ての決定に影響を与えてきている。

3. 難民保護――要素としての庇護と定住

保護という用語について考える時、定住で保護という用語が何を意味するのかを明らかにする必要がある。国際保護(international protection)は、難民が持つ2つの異なるニーズ、①庇護の権利、②時宜を得た解決、に関わる。換言すれば、難民は亡命中、強制的に追い返されることなく、庇

護される権利と、移動の自由を含め、様々な人権を持っている。そして、彼らの苦境に時宜を得た解決（恒久的解決）を利用できることである。彼らは、市民として政治的、経済的、社会的権利が利用でき、十分に国家に統合されることである。

　難民保護は地球公共益で、その利益は一度与えられたら、他の全ての国々にいきわたる[31]。難民保護の費用は国がそれぞれに負担するが、人権尊重と国際の安全からの利益は、全ての国々に得られる。難民保護の利益は、寄与したか否かにかかわらず、国際社会の全ての国に得られる。

　しかし、国家が難民を保護する気持ちを持つのは当然だ、というわけにはいかない。難民に保護を与えるという集団としての気持ちがあっても、個々に行動する時、国家には自らの意図・選択を控え目に言ったり、他国の寄与にただ乗りすることはありうる。当初の短期の世話・受け入れから、長期の統合までの費用を負担するかどうかは、国家次第である。利益の性質が集団的なのに対し、費用が個々の国にかかるため、個々の国が責任をなまけたり、他国の寄与にただ乗りするという危険が生まれ、国際協力という性格をおびてくる。

　国家は、主に2つの方法で難民保護に寄与できる。①領域内に難民を入国させ、権利を与える（庇護）。②他国の領域内にいる難民に、財政的にあるいは定住場所を与えることで寄与する（負担分担）。負担分担のひとつの形態である定住計画は、個々の難民のためだけでなく、難民集団全体への包括的な計画として、亡命生活を終わらせるために重要な役割を果たす。保護制度には、以上のように2つの核となる規範、すなわち庇護と負担分担がある。庇護は、自国領域内にいる難民に保護を与えるという国家の責務に関係する。負担分担は、他国の領域内にいる難民の保護に寄与する国家の責務に関わる。国家に難民を定住させる義務はない。定住は、難民保護の分野で最も古い政策のひとつである一方、法的権利として成文化されてはいない。いずれの場合にも、国家は限られた資源の中から、非市民の援助のためにその一部を割り当てることになる。庇護の規範は、十分に確立し、法的に強く、規範的枠組みに基づくのに対し、負担分担は、法的、規範的枠組みは非常に弱い。

　既に述べた、定住の3つ役割が重要であるが、その一方、国家による定住計画は、しばしば他の要因で作られている。定住計画の実施は、国家にとっていくつかの政治目標の達成に有益であり、参加する理由がいくつかあるからである。国家は、定住をある種の外交政策目標の達成のために使いうるし、国内の民族コミュニティへの支援を示すために使う（例えば、アメリカ）こともできる。定住計画は、外交政策や国内の民族政治のような国内事項の優先度を反映する。定住国は全て、人道的支援の感情を持っているが、実際に定住を行う動機は、細部では異なる。異なる歴史経験が各国の現代の定住作業に印を残し、定住が置かれている歴史的、イデオロギー的背景を反映する。定住政策は、外交、開発、司法分野の政策と深い関わりをもって進められてきた。近年は国際保護が必要な人々の"管理され秩序だった到着"が、定住の新しい機能として見出されている[32]。

　しかしながら定住計画を本質的に構成するのは、この過程に活発に関与する政治意思でなければならない。定住させる義務はないが、定住を行うことで、庇護に付随した義務を履行する上で助けになる。受け入れ国の住民に、難民及びその状況をよりよく理解させたり、保護への国家の

関与を活発にする。保護が個人に与えられるだけではなく、恒久的解決とグローバルな問題に共同して立ち向かう気持ちを育む、と見られている。

(1) 庇護と定住

　定住は、伝統的な定住国以外では、比較的未知の分野なので、庇護という用語とどう関連し、また違うのかが曖昧である。「庇護」（asylum）という語は、個人が求めた保護の形を指し示すために使われる。この意味は、人が、ある国家の領域内に入るや否や、もしくは海外での大使館、領事館で、当局に出向き保護を要請する[33]ことである。国家は、領域内に到達する庇護民に法的義務を持つ。庇護を求める難民に地位を与えることは、法的手続きの結果である。庇護手続きは、国内的な法的手続きで、多くの権利や義務を含んでいる。重要なのは、危険が待つ地へ人々を送り返さない義務（ノン・ルフールマン原則）である。

　現実はどうか。1980年代以降、南北の「庇護移動」の出現で、庇護は一層政治的になった。庇護問題でとりわけ著名なのは、欧州である。1999年8月、イギリスの当時の内相 Jack Straw は、庇護は"欧州の問題"だ[34]と述べた。欧州では、庇護申請者の約50％の人々のみが認定手続き後、何らかの地位を得ている[35]。ここでの庇護制度の焦点は、人々を帰国させることと、入国制限である。欧州各国では外国人の統合度合いが比較的低く、統合計画は真に効果的かどうかに強い疑いの気持ちがある。近年、難民に寛大なオランダ（2000年外国人法）とデンマーク（2002年法）が、国内での彼らの滞在期間を制限し始めている。難民条約は、保護が必要とされる期間（庇護が要求される時点では知ることができないが）によってのみ、滞在期間は制限されるべきだとしている。欧州内での庇護、それが難民条約に関係する人々か否かにかかわらずそれを期限付きにすることは、管理的側面を強めるものになる。

　気をつけねばならないのは、保護を意味するために庇護という用語をより広く使う過ちである。庇護という用語が本来持つ使い方から離れ、副次的保護ないし一時保護を持つとされた人々を含んで保護とされれば、難民保護の全体が不明瞭になる。

　他方、定住は、難民が庇護国を離れ、第三国で新しい生活を始める過程である。第三国は、恒久的に彼らを受け入れ保護する。定住では、個人はめったに定住申請はしないし、難民の地位への要求もしない。むしろ個人は、UNHCRによって定住が必要な特定のグループの一部と見られる。定住のための選別手続きは、個人が定住国の外にいる時に行われるので、殆ど常に定住国の外にいる時になされる。ノン・ルフールマンの原則は、従って問題ではない。定住での決定に個人的に不服があっても現在、どの国もそれを受け付ける仕組みはない。選別後、難民は受け入れ国に移動させられ、長期か永住許可を与えられて入国する。入国審査や居住上の手続きは必要ない。定住難民は、受け入れ国で援助され、社会、文化そして経済的権利の点から取り扱われる。

　定住は、滞留難民状況で恒久的な解決を与えるが、入国に先立って地位を決め、入国を管理するための手段となるため、国家にとって、定住は難民保護の柔軟な手段となりうる。定住国は、自分たちが考える個人や集団を入国させるために、自分たちの規準を用いる傾向があり、この点

から定住は、一方で国家が自国の庇護策を維持するための有益な手段ともなりうる。多くの国々は依然、定住を保護かあるいは解決か、と見ており、主要危機の際の負担分担と考えているように見える[36]。

(2) 両者は補完関係——但し、区別は必要

前項で見たように、定住難民は、庇護申請者とは違い、国外で到着前に受け入れ国に審査され選別される。定住国は、運賃（全部か一部）を手当てし、統合計画を準備する。到着は管理され、定住に焦点をあわせ、数は自在に操作できる。庇護申請者の流入が予測できず、管理が難しいのとは対照的である。庇護制度は、申請者自身が入国までの手段を自前で調達し、安全で人権を尊重する国を探しやってくる人々のためにある。大まかに言えば、庇護申請者は助けを求めて目的国に来る。定住の場合は、国が保護可能な人々を求めて国外に出て行くということであろう。

政策担当者、とりわけ EU の政策担当者の間では、"定住は、全く完全に庇護に置き換えられる" とする主張と、"いや、定住は庇護と十分に共存できるが、完全な代替物ではありえない" という相対立する主張が存在する。同様に、他の人々は "定住は、密入国や人の密輸業を終わらせる" と言い、別の人々は "難民も経済移民も、密輸業者を使い続けるし、斡旋業者に搾取され続ける" と言う[37]。大事なことは、定住と庇護がより大きな保護制度の一部として、どう結びあうかを検証することである。

近年の EU 各国を対象とした van Selm らの「定住調査」では、定住を実施しても殆ど、いや全く EU 内での庇護申請者の数には影響が見られなかった[38]。到着する庇護申請者の数と定住者数の間には、同研究によればどの年も明確な因果関係は見られていない。定住計画を持つ国は、計画の存在にもかかわらず庇護申請者の入国がある。アメリカでは、庇護に関わる問題は、一般に勾留、退去促進の実施についての論議も含め論議の中心であるが、定住計画と庇護申請の数の間には、いかなる明瞭な繋がりも見られなかった[39]。

これは多くの場合、各国の定住の選別規準が、キャンプ等にいる滞留難民に焦点を合わせているか、庇護を求めて相対的に危険な旅をしにくい弱者を相手にしているためと考えられる。庇護を求めて離れるまさに同じ個人が、定住選別の対象になるかどうかということや、定住が庇護申請者の到着数を変えるかどうかは、まだわかっていない。UNHCR の定住の分析でも、定住と庇護は必ずしも同じ人々を対象としていない[40]。

図2 定住制度と庇護制度の関係

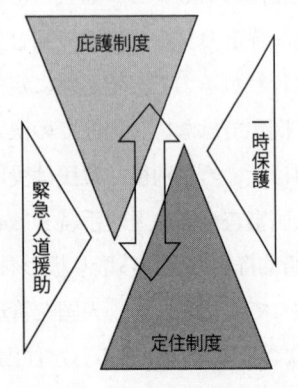

＊ van Selm ら（2003 年）の図 (p.152) を修正して使用

定住計画でかなりの人数を受け入れた国は、庇護申請者の到着がなくなった、あるいは定住の結果、縮小したというのはこれまで全く報告がないし、その際難民の選別規準と数的目標に注意深く考慮を払っても、定住の影響力は未知数である[41]、といわれる。いずれにしろ、

定住によって庇護申請者の数を減らすというのは、計画にとっては否定的な目標であるように見える。定住は数の点から、庇護危機の万能薬ではない。より狭い視点で捉えれば、人の密輸業を使って庇護その他で到着する人々は、定住政策のある種の失敗と見られる。

図3　難民の国際保護

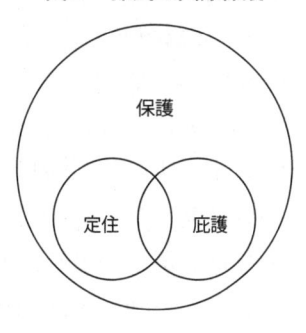

定住は、公平、効果的に領域庇護制度を補うが、庇護制度の一部ではない。むしろ庇護と定住は、保護制度の一部である。国際保護制度は、定住と庇護の双方を通じて保護となる。定住も庇護も人道的保護を提供し、難民保護という全体的な枠組みの中で相補的な関係を形作る。しかし過程への出発点は異なっている。定住と庇護制度は重複があり、また明らかに方法が異なるという理解が重要である。

換言すれば、庇護を定住から区別し、2つとも難民保護制度の一部であると認識することで、2つの入国の仕組みを混乱なく働かせるべきである。基本的に、庇護は国が難民保護を与える1つの手段であり、定住は難民保護を与えるもう1つの手段である。言いうることは、定住は国家が望むより管理された到着を果たし、庇護国との連帯になることである。定住計画は、国家にとっては入国に効果的に対処し、意識され準備された、良心的な統合戦略と結び付けることができる。また、保護と恒久的解決を与えることで、定住の意義を達成できる。定住計画は、出来る限り庇護制度から分離すべきである。

定住は、庇護申請者の不規則な到着に否定的に影響されるのではなく、むしろ定住の管理され秩序だった入国で、より多くの難民が、恒久的保護が得られるよう積極的に増やすべき[42]、かもしれない。もし前年の庇護申請者の到着数とその翌年の定住計画の間に関係が見られるとしたら、庇護申請者の増大は、より多くの定住ニーズがある、ということかもしれない。それなら定住数を増やして、より多くの人々が秩序だった手段で入国できるようにするのが筋かもしれない。

移住は管理されるべき現象として、最も頻繁に論議される。但し、庇護国での能力強化のための負担分担の手段として、そして先進国、とりわけEUへの庇護申請者の入国を戦略的に管理するために定住を使う場合には、あくまで難民条約に基づく難民の定義であって、各国の国内法で発展させられた制限措置であってはならない。

定住計画の立案と実施は任意であり、主として行政的で、実践的活動である。さらに、選別の決定は行政措置であり、決定は任意である。国内での庇護の決定が、法的手続きを必要とするのとは対照的である。多くの国では、定住を支える法律はなく、純粋に政策的裁量の事柄である。難民はその地位を審査する国の領域内に入ってはいないので、庇護法の範囲外であり、定住は行政施策の手段という性格である。

4. 国際的な負担分担の中での解決──定住の役割

何が負担で、それはどう分けられるべきか。物事の要点は、単に"分け合い"にあるばかりでは

なく、分配される"負担"をどのように定義するかにある。負担分担への様々な提言と仕組みがある中で、どれが正当で実行可能かの分類はむずかしい。1つの中心的問題は配分の基準[43]である。配分はこれまで大略、2つの異なる型の考え方に基づいている。①公正に基づく方法、②結果に基づく方法、である。公正に基づく方法は、典型的には受け入れ国の国内総生産（GDP）、人口もしくは国土の大きさのような静的指標に基づく配分である。結果に基づく指標は、難民・庇護申請者を抱えたその結果として起こる事柄に関連している。例えば受け入れの影響や民族間の関係や治安、あるいは難民・庇護申請者自身が受け取る保護や援助の水準である。よく知られているように、1990年代の旧ユーゴ危機の際には、配分をめぐり、人口、人口密度やGDPに基づくかどうかで合意が得られず、負担分担の基準を作る試みは成功しなかった[44]。

　難民制度内の主要な規範は、前項で見たように庇護と負担分担であり、法的な要因を持つ庇護は、広く受け入れられ明確に定義された規範である。ひとたび難民がある国の国境に到達したら、多くの国々は、彼らに一定の義務があることを認識している。反対に、負担分担には明確に定義された規範的な枠組みがない。国際的には、難民条約の前文と1998年のUNHCR執行委員会の結論No.85に述べられているだけ[45]で、難民保護の国際的責任のより公平な配分の必要に関して拘束力のない指針があるだけである。負担分担の原則は、難民制度の最も弱い局面である。規範的・法的に、国家は自分たちの境界を越えて難民保護に寄与する義務は殆どない。国際的な負担分担に関連して、今ある規範は弱く、未開発のままである。負担分担は、各国の関心と自発的な寄与による全く任意の行為である。

　難民に関連した負担分担の概念には、波乱の歴史がある。概念は、難民の受け入れ国の間で国際連帯を促進する原則として、1950年代に始まった。しかし過去20年、非常に多岐にわたる政策を正当化するために、各国の政治担当者に使われ、乱用さえされてきている。概念は非常に広く緩く適用され、国の間での難民・国内避難民の分配・分散、マケドニアからのコソボ難民の疎開[46]から、原因たる紛争地域での難民保護の強化の最近の提案まである。概念は難民の負担分担という使い方から殆ど一貫性を失い、言葉は驚くほど弾力性を持ち、より婉曲な表現である"連帯"とか"努力の均衡"（balance of efforts）のような概念に置き換えられて生き延びてきた。それゆえ、負担分担が訴えるものとは何か、それには未来があるのか、などの疑念が生じている。

　負担分担は最初、難民の大量流入状況で難民保護の責任を分け合う必要に関連して使われた。難民条約の前文は、庇護の供与について、難民流入はある国々に不当に重い負担を強いるかもしれないとして、"国際協力"の必要性を述べた。それ以来、2つの主要な行動が要請されるようになった。①庇護国への資金援助。通常、途上国である庇護国で、難民の生活支援を主に、UNHCRの活動を、資金手当てを通じて助けることである。②各国への難民分散という物理的、実際的援助。定住を通じたこの方法は、1956年のハンガリー動乱の際、使われた。また1973年のピノチェト・クーデター後のチリ人脱出、1979年以後のベトナム難民の定住計画でも使われている。

　繰り返せば、負担分担の概念は最初、原因国から巨大な数の難民を受け入れた近隣の庇護国を援助するための国際的な連帯の原則として現れた。しかし西欧諸国が益々、自国での庇護の政治

的、社会・経済的費用や一時保護制度に懸念を持つにつれて、この概念はより明確に、自己利益の次元で考えられ始めた[47]。焦点は、欧州各国と庇護国（原因国の地域内にある）の間での費用配分の問題となった。いわゆる"地域内受け入れ"（reception in the region）が、欧州への難民の流れを減らす手段[48]と見られた。1950年代の古典的な負担分担の概念は、幾分誤って、間接的な負担分担の形として、"裕福な"庇護国（西欧先進国）の責任を救うために復活してきた。

国内の分配・分散策は、欧州で負担分担のために1990年代に提案されている[49]。この論議には、EU内の負担分担と、国際的な負担分担の話が含まれている。EU内の負担分担では、EU各国の間で難民・庇護申請者の分担可能な形は何か、という論議から最初始まった。1994年ドイツは、一時保護を求める人々の物理的な分散制度を提案した。分散の方法は、人口、GDP、国土の大きさという基準に基づき、EU各国で分散しようというものであった。提案はこの形では拒否されたが、幾分緩和されて、その後EUの一時保護の法令の中に取り入れられた。法令では、各国に一時庇護を求める人々に対する責任は、連帯の精神の下にバランスよく分配されることを求めている。

EUでの定住の問題は、加盟国の間での負担分担の仕組みを作り上げるという中で行われている。定住はそれゆえ、国際保護の必要な人々へ域外定住を与えるということではなく、EU内に既にいる難民や庇護申請者の公平な配分制度を見つけることである。1990年代半ば以降、難民の分散や彼らの受け入れ費用の分配の種々の仕組みが議題にのせられ、いくつかは採用された。1997年「欧州難民基金」（the European Refugee Fund）が作られ、多大な数の難民・庇護申請者を受け入れたEU諸国に財政援助が与えられることになったが、問題はまだ続いている。

各国家が負担分担で寄与しようとするのは、他国もまた寄与の準備があるという保証がある場合である。個々の国家は、一般に他国が難民保護の義務を相互に守るという保証がある場合にのみ、難民保護に喜んで寄与してきた。負担分担計画で得になりそうな国の参加動機は明らかだが、制度が存在しない時よりも負担をより多く受け入れることを要求される国についてはどうであろうか。参加へのひとつの重要な動機は、"保険"と言えるかもしれない。負担分担制度は、大量流入という最悪の筋書の場合、負担を他国と分け合うのを確かにする方法である。難民定住は、大量避難の際に実行可能な解決策ではないが、それは特に難民の中の弱者や滞留難民の保護では欠くことのできない戦略的手段[50]である。

負担分担の明確な規範、法的義務がない中で、国際会議はその場限りの"駆け引きの場"[51]であり、独特の構造を持っている。これらの一時的交渉は、特定地域の大量流出や滞留難民状況に対応する試みであった。庇護では、相対的に強い法的枠組みがあり、UNHCRは国々に法的助言を与え、各国の実施状況や遵守状況を監視するのが仕事の大半を占める。負担分担では反対に、非常に対照的な役割である。負担分担では、国家の寄与に指針を与える明確な規範的枠組みがないため、UNHCRの役割は国家を政治的に促すことであった。それは、南の途上国での難民保護を支えるために、北の先進国へ自発的に資金を拠出するか、定住割り当てを通じて、自発的に寄与するよう、説得することである。"半完成"の国際難民保護制度の中で、UNHCRはこれまで幾多の多国間交渉を主導してきた。

難民保護制度について特に興味深いことは、これら負担分担の動機づけが、制度の外から出てきたことである。先進国、特に西欧諸国の負担分担への寄与は、難民保護への懸念でもなく、利他主義に基づくのでもなく、むしろ他の問題領域、特に入国管理、治安・安全、貿易のような領域に関係するという認識から出てきた[52]。この認識がある時、国際協力は可能となった。その認識がない時には協力は著しく限られてきた。

　全ての国家が同じような基礎の上に難民に庇護を与えるのを確実にする協調関係がなく、また難民を不釣り合いに抱えている国へ負担分担で確実に保証する協力なくしては、共同行動の成功はない。ここから得られるのは、受け入れの責任を、政治的に不安定で貧しい国家に振り向けることには、慎重であるべきことである。原因国域内での負担分担の影響は、保護だけではなく、内戦や治安の問題もある。先進国は、受け入れという結果に基づく配分基準に、より多くの注意を払うのが望ましい。

5. おわりに

　歴史的に難民は、重大な紛争や残虐性が最も目に見える人間的結果のひとつである。イデオロギーは冷戦期、東西の難民移動で重要な役割を果たしたが、冷戦終結で難民の政治的重要性が下落したとして、この事実が3つの難民保護策を弱めるのに使われてはならない。それは究極には、世界全体の普遍的な人権保護制度を損なうことになる。国際難民制度は戦後、その実施状況を監視するために一群の共通基準と組織を作ることで、国家が公平に難民保護に寄与できるようにした。それが集団の利益に適うと考えられた。しかし作られた制度は、半分完成しただけであった。制度が、庇護には明確な規範的枠組みを持っているのに対し、負担分担がそうでないのは半完成とみなしうる。制度が示すのは、国家が自国の領域に到達した難民には義務を持つが、他国の領域に留まる人々にはそうではないということである。庇護の原則の規範的な視野と、負担分担の任意という間の分裂は、難民保護の責任の配分で実際的な意味を持ってきた。

　恒久的解決としての定住は現在、非常に例外的で個人的状況においてのみ考えられている。"最後の手段"そして最も好ましくない解決法として、定住を位置づけたことは、恒久的解決として、その価値の否定的な認識を作り上げた。物理的な安全が危機にある難民にとっては、定住は唯一の取りうる解決策である。定住は、生命の危険への保護、あるいは医療問題など、緊急のニーズを持つ難民への重要な解決策であり続けている。定住は、個人の保護と第一次庇護国の善意を支え強化する点で、負担分担の基礎を形作っている[53]。

　しかしながら現在、各国政府、国際機関、政府間機関、そしてNGOは難民問題への解決に関して、異なるやり方をしている。難民、定住といった馴染み深い言葉ひとつとってみても、移民国アメリカと非移民国の欧州で、意味する内容は異なるし、政策や実施方法が同じということはない。定住の問題は、定住政策に不備があるとして、今後とも一層論議される必要がある。定住という用語の背後にあるものをよりよく理解することは、今日の世界的な移住現象にあふれ出

ている世界的な難民危機を考える上で重要である。

　UNHCRの定住計画があるのは、国際的な連帯の証だが、しかし相対的に規模が小さい。さらに一般に、大量流出状況に対応していない。そうした中で、これまで主流であった帰還策にも変化が現れている。滞留難民状況では、もし逃亡の政治的要因が解決されないなら、帰還しても再統合は困難である。

　帰還民のこの周縁化は、再統合への主要な障害だが、さらに過去数年、もう1つの解決策である現地統合が国際的な政策課題に再登場してきて、研究者の関心を引いている。これは理由の一部として、タンザニアで1972年のブルンジ難民の統合が成功したことへのUNHCRの関心がある。それはまた、定住という選択肢の下降への反応でもあり、滞留する難民・避難民状況へ対処する必要[54]からでもある。しかし多くの場合、難民・避難民の恒久的な現地統合には、地域及び国内での政治的障害が大きく存在している。

　これらの構造的な阻害要因の前に、UNHCRの試みは政治的となり、負担分担の枠組みは国家の利害次第という考えに至った。先進国、特にEUは庇護申請者の帰国で途上国が再入国を受け入れない[55]ままで、途上国の支援をしても庇護申請者の到着を減らすことには繋がらないとした。入国管理は政府の主管でその能力が脅かされるという感じ方をすれば、庇護申請者の管理は、定住とは異なる事柄だという説明のよい理由となる。他方、庇護国である途上国側は、開発援助が追加されないまま益々、難民の保護に関わることが国家開発に寄与するという考えには同意できなかった。

　地理的に"ある集団"を対象として実施される定住計画は、真に保護の必要がない人々による乱用や、真に難民ではあるが地理的場所や民族背景、家族関係が各国の入国規準に合わない人々の申請で弱められている。それゆえ定住国側は、特定の集団がまだ保護を必要としているのか、特定の場所を対象にした定住計画自体が、ある意味で"難民性"を度外視している現在の規準が、真に保護の必要がある難民を含んでいるかを確かめるために、定期的に計画を再考する必要がある。定住は一般的に、新しい難民危機への即座・緊急の単なる反応ではなく、むしろ現実と反応し、時とともに発展する性格のものである。危機による難民流入の認識と定住させる能力の間には、遅れがある。定住計画を持つ大半の国々は、政策として計画を作り、法的枠組みは作らない。定住制度の基本は、柔軟なことである。

　難民は国際政治の単なる受け身の対象物ではなく、代わりに彼ら自身の目的と生活計画を持つ主体である。難民は、国境を越えたネットワークと彼ら自身の創造性を通じて、事実上の解決を図っている。彼らは国を離れるかどうか、そしていつ、そうならどこへと、かなりの選択をする。定住は、移動の初期の段階で、目的国と難民の間に直接の関係を作り出す。定住では、不正確で利得目的の密輸業者に比べ、定住国が難民に直接、真の情報を伝えるようにすることができる。移住／庇護ネットワークを原因国や通過国に広げることで、政府は個々のケースの決定に役立つ情報の質を改善できる。

　恒久的解決は、難民が帰国あるいは1つの場所に定着するといった、難民は移動しないという偏見を持たないことである。合法化された労働移住は、避難へのひとつの可能性として"第四

の解決法"かもしれない。UNHCRは現在、そうした方法が持つ保護の意味を探究している。この型の解決策は、強制移動の政治的原因に働きかけるものではないが、労働移住は難民の経済的欲求に合う適切な反応であるかもしれない56。恒久的解決の政治的、社会・経済的、環境的、規範的そして支援業務上の理解が必要である。定住という恒久的解決を適用できるかを調査する研究が緊急に必要とされている。実利主義と人道主義の二極対立を超えた相互学習の道である。現今の国際的文脈下での定住は、新しく、世界的で、地域的な対処法が緊急に必要とされている。

　どんな解決策もきちんとした定義には合わないし、潜在的に困難さはどこにでもある。3つの伝統的な恒久的解決策の限界を超えて動く必要性と、難民を含む強制移動民の危機を解決する新しい手段を作る必要性が緊急にある。定住は、十分に管理されれば社会での難民の印象（イメージ）を改めて作り出すのに働きうる。

　過去に私たちは、ともに何をなし、将来にはどんな新しい協力を進めることができるのか？定住は、帰還も現地統合も不可能な人々を含め、人道的なニーズの高い難民たちに、極めて重要な解決策であり続けている。

1　Refugee Studies Centre, *Forced Migration Research and Policy: Overview of current trends and future directions,* Oxford Department of International Development, University of Oxford, 2010, p.18.
2　近年の研究はかくして、スーダン、アフガニスタンのような脆弱国家での平和構築、紛争後の再建と避難民の帰国との関係理解に焦点を合わせてきている。帰還は自発的であるべきだという政策担当者の間の一般的な合意にもかかわらず、実行上では深刻な懸念が続いている。もう1つの変化は、帰還民は元々住んでいた農村コミュニティよりも都市へ戻るのを好むので、帰還事業は都市的な背景の中で対処されねばならないという認識が広がっていることである。
3　International Institute of Humanitarian Law, *Resettlement of Refugees: Current Problems and Future Prospects,* Preliminary Background Document, prepared by the International Institute of Humanitarian Law & the Spanish Committee for UNHCR, Madrid, 1997, p.1. 難民条約作成の準備会合に臨んだ各国代表は、大略2つの点に意識があった。①国際秩序への懸念：欧州内での難民保護と再統合で域内の安定と安全を図る。②社会的公正と正義：第二次世界大戦の人的災禍を踏まえ、誕生しつつあった国連制度の中で人権を広める手段とする。国際難民制度は、全ての国が打ち勝たねばならない共通の課題だ、と信じられた。
4　例えば、アフリカでの1969 OAU Convention、ラテンアメリカの1984 Cartagena Declaration、欧州のEuropean Asylum Qualification Directiveなどである。
5　滞留難民数は、UNHCR（2004年）によれば、この状況にある巨大な数のパレスチナ難民を除き、約550万人。世界の難民数の61%が33ヵ所にいる。主なものは、アフガン難民がパキスタンに96万人、イラン95万人、ブルンジ難民がタンザニアに44万人、ソマリア難民がケニアに15万4000人、ビルマ難民がタイに12万人などである。亡命状況での平均滞在年数は17年。帰国も庇護国への統合も、第三国定住の見込みもなく、難民は無期限の亡命状況にある。これは南北協力の失敗の結果だ、と言われている。
6　第一次庇護国での"難民による社会緊張"という場合、必ずしも適切な表現かどうかは疑わしい。権威主義的な政府が、難民への住民の不平に応じてこれを言い出すというよりも、ドナー（主に、先進国）からの財政援助の確保や政治支援を得るための口実であったりする。
7　International Institute of Humanitarian Law, *op.cit.,* p.9.
8　Refugee Studies Centre, *op.cit.,* p.18. 庇護を与える余地が縮小したことで、難民・庇護民への排除が度を越していると見るNGOによる唱道活動が行われ、学者の間でもかなりの研究が行われてきた。
9　Betts, Alexander, *Protection by Persuasion: International Cooperation in the Refugee Regime,* Cornell University Press, Ithaca,

2009, p.14.

10 例えば、UNHCR, *Refugee Resettlement: An International Handbook to Guide Reception and Integration,* Geneva, Switzerland, 2002（UNHCR駐日事務所『難民の第三国定住――難民の受け入れと社会統合のための国際ハンドブック』2010年8月）は、次のように言う。「第三国定住は、国際難民保護制度においてきわめて重要な補完的役割を果たしており、自主帰還も庇護国への統合もかなわない難民に保護と恒久的解決の両方を提供している。第三国定住は、難民保護と人権擁護に対するコミットメントの確固たる表れであり、国際的責任分担の具現化でもある」(同書、p.3)。

11 難民にとって、第一次庇護国は安全ではない。迫害を逃れた難民は、迫害者の手先に襲われる。自国の武装勢力や反政府勢力が国境を越えて殆ど自由に活動する。自国のタリバーンの支配から逃げ出したアフガン女性は、パキスタンで特に、女性教育、仕事、服装での制限を超えると、危険に遭遇する。

12 Newland, Kathleen, "Refugee Resettlement in Transition", *Migration Information Source,* Migration Policy Institute, Washington, DC, 2002, p.2.

13 1970年代、80年代のインドシナ難民危機の際、タイやマレーシアが難民の一時滞在を許可したのは、アメリカ、欧州諸国、オーストラリアなどが、難民を定住させることを保証したためであった。オーストリアは同様に、他国がその後の難民受け入れとその保護を認めたので、1956年ハンガリーからの何千という難民に避難所を一時的に与えた。

14 Noll, Gregor & van Selm, Joanne, "Rediscovering Resettlement", *Insight,* Migration Policy Institute, Washington, DC, 2003, p.29.「一時保護」の概念は、ボスニアでの人道危機のために特別な関心を呼んだ。国によっては、定住割り当て数の中でボスニア人を受け入れた。他の国は、割り当て数に含めなかった。一時保護と定住の関係については、全く議論が深まらなかった。

15 Resettlement Section, Division of International Protection, *Resettlement: An Instrument of Protection and a Durable Solution,* United Nations High Commissioner for Refugees, Geneva, 1997, p.1.

16 例えば、世界の難民1200万人（2002年）のうち、年約10万人だけが定住させられている。

17 Newland, *op.cit.,* p.2. 一般に数字は毎年改定されるが、満たされない数は単に失われる。例外は、オランダとノルウェー。数は、3年計画の割り当てである。他にいくつかの国が満たされない数を繰り越している。

18 International Institute of Humanitarian Law, *op.cit.,* p.2. 例えば1980年代末から90年代にかけて、UNHCRの目標は、長期継続中のある種の難民状況の解決を促すことだった。インドシナ難民を対象としたCPAは定住、「中央アメリカ難民の国際会議」(CIREFCA)は自発的帰還、そして1980年代前半と少し時期的には早いが、アフリカ難民の2つの国際援助会議ICARA IとICARA IIは現地統合と、3つの伝統的な恒久解決策が、異なる政治状況の中で場を違えて使われ、異なった役割を果たしていた。

19 Resettlement Section, Division of International Protection, UNHCR, *op.cit.,* p.1.

20 van Selm, Joanne, Woroby, Tamara, Patrick, Erin and Matts, Monica, *Study on the Feasibility of Setting up Resettlement Schemes in EU Member States or at EU Level, Against the Background of the Common European Asylum System and the Goal of a Common Asylum Procedure,* Migration Policy Institute, Washington, DC, 2003, p.10.

21 定住ハンドブックは、定住でUNHCRが適用する基準を提供し、容易に定住国の基準を知ることができる。多くの国々は、ハンドブック中の自国部分の記述の正確さを信じていないが、ハンドブックは有用な情報手段となっている。

22 背景には、①条約には地理的、時間的制限があったこと。以前の難民の定義は、特定の国籍、危機に限られてきた。②全権会議の参加国の大半は、西欧諸国であった。難民制度を作る上で、各国々は純粋に利他主義に則って行動したのではなく、むしろ共同行動を通じて、自分たちの利益に合致するように制度を作った（Betts, *op.cit.,* p.9.）。③最大の非欧州難民状況はパレスチナ人だったが、「国連パレスチナ難民救済事業機関」(UNRWA)の設立で分離した（van Selm, Joanne, European Refugee Policy: is there such a thing?, *NEW ISSUES IN REFUGEE RESEARCH,* Evaluation and Policy Analysis Unit, United Nations High Commissioner for Refugees, Geneva, Working Paper No.115, 2005, p.4.）ことがある。

23 van Selm, Woroby, Patrick and Matts, *op.cit.,* p.8.

24 *ibid.*

25 Betts, *op.cit.,* pp.10-11.

26 van Selm, Joanne, *The Strategic Use of Resettlement,* paper presented at the International Seminar, "Towards more orderly

and managed entry in the EU of persons in need of international protection", Rome, 13-14 October 2003, p.3.

27 International Institute of Humanitarian Law, *op.cit.*, p.7. 作業グループは、2ヵ月おきに定期的に会合、いくつかの国々に対しては会合に参加するよう招待してきた。会合は地域的な定住計画を含め、地域協議が欧州、アメリカ、カナダ、オーストラリア、ニュージーランドからの各機関と持たれてきた。各国政府、NGO との公式協議は 1995 年 10 月、1996 年 6 月に始められ、首尾一貫し透明性あるやり方で、定住ニーズにあった戦略を開発するために、定期的に意見交換が続けられている。

28 van Selm, Woroby, Patrick and Matts, *op.cit.*, p.14.

29 Working Group on Resettlement, *A Report of Working Group,* United Nations High Commissioner for Refugees, Geneva, 1997, p.1.

30 Noll & van Selm, *op.cit.*, p.1. アメリカで庇護申請者が難民として受け入れられる時は、asylees となる。

31 Betts, *op.cit.*, p.8.

32 van Selm, Woroby, Patrick and Matts, *op.cit.*, p.vi. 例えば UNHCR の作業グループが、「定住の戦略的使用」(*the Strategic Use of Resettlement*) の文書を出している。

33 "protected entry" は、ビザその他の法律文書を持って到着し、到着後に庇護手続きに入る。換言すれば、この制度下では、避難場所を探す個人は、庇護を求めるために、ある国へ旅行する許可を求めて、大使館に入る。

34 van Selm, *op.cit.*, p.1.

35 Noll & van Selm, *op.cit.*, p.21.

36 van Selm, Woroby, Patrick and Matts, *op.cit.*, p.7.

37 van Selm, *op.cit.*, 2003, p.2.

38 van Selm, Woroby, Patrick and Matts, *op.cit.*, p.123. 欧州では、難民保護への 5 つの課題がある。①莫大な数の庇護申請者、②人々の流入形態が複雑に混合していること、③右翼、少なくとも外国人嫌いを演じる政党の存在、④福祉国家ゆえ、難民その他の人々をどの程度支えられるかの問題、⑤国民の高い失業率、がある。但し EU 各国は、どこもこれらの課題に直面しているわけではなく、程度の違いもあり全体像の一般化はできない。しかし EU の多くの国々は、定住で協力することに幾分か関心が見られる。

39 全体的な到着数から見ると、アメリカの庇護申請者数は 1993 ～ 1997 年にかけて定住計画による難民数よりも、より多く到着している。その数は、1993 年、1994 年、1995 年にそれぞれ 14 万人を超えた。1996 年に始まった減少は、1995 年に庇護制度改革が導入されたためである。それ以降、申請は年 6 万人以下に下降してきた。改革では、申請が認可されるまで就労許可が取り消された。もしくは申請が出されてから 180 日を経過するまで、就業はできないことになった。2000 ～ 2002 年、定住は関心が大きい話題として再登場している。

40 van Selm, Woroby, Patrick and Matts, *op.cit.*, p.153.

41 van Selm, *op.cit.*, 2003, p.4.

42 van Selm, Woroby, Patrick and Matts, *op.cit.*, p.123.

43 Boswell, Christina, "Burden-sharing in the New Age of Immigration", *Migration Information Source,* Migration Policy Institute, Washington, DC, 2003, pp.2-3.

44 van Selm, Woroby, Patrick and Matts, *op.cit.*, p.123.

45 Betts, *op.cit.*, p.12.

46 Boswell, *op.cit.*, p.1. EU では、以前は国家間でバランスをとるという比較的緩い原則があったが、それを廃棄し、負担分担の目標が、1997 年のアムステルダム条約に成文化された。2000 年のコソボ難民退避計画では、マケドニアに滞在するコソボ難民を欧州各国で物理的に負担分担する試みがなされた。制度による拘束というより、むしろ一方的な割り当てであった。

47 *ibid.,* p.2.

48 原因国に地理的により近い域内の国にある難民キャンプで、高い水準の保護と援助をすれば、西欧諸国の費用の削減になると考えられた。域内の国々の難民キャンプに資金手当てをすれば、原因国のある地域内で難民が留まる、大きな誘因にならないかというわけである。

49 Boswell, *op.cit.*, pp.1-2. 分散制度は常に、負担分担の名前で行われたわけではないが、難民受け入れ国の多くで、過去国内的に実施されている。ドイツは1940年代以降、各州の人口比率に応じて、連邦国家の間で難民と庇護申請者を配分してきた。オーストリア、ベルギー、デンマーク、オランダ、スウェーデンそしてイギリスは、各地域に庇護申請者を多少とも包括的に分散する計画を導入した。これらのやり方は、その多くが、特定地域へ庇護申請者が集中すると、有限な社会資源に圧力となり、社会の緊張につながるという考えで正当化されている。
50 Refugee Studies Centre, *op.cit.*, p.18.
51 Betts, *op.cit.*, p.3.
52 *ibid.*, pp.3-4.
53 Resettlement Section, Division of International Protection, UNHCR, *op.cit.*, p.2.
54 Refugee Studies Centre, *op.cit.*, p.18.
55 オーストラリアは、保護、再入国許可、帰還という3つの要素の間の関係を明確にする必要があり、現代の複雑に入り混じった移動に多面的に対処する必要性を強調する。他方、庇護国たる途上国側は、負担分担の手段として再入国許可の同意には難色を示す。例えばケニアは、先進国で難民の地位を拒否された人々が負担分担や国際連帯の名目で、彼らが再び庇護国であるケニアに戻されるのを望まない。曰く、「ケニアは、庇護民やソマリア難民の家に、自動的になるべきではない」(Betts, *op.cit.*, p.170)。
56 Refugee Studies Centre, *op.cit.*, p.21.

特集 第三国定住

論文

日本は変わったか
第三国定住制度導入に関する一考察

小池克憲　東京大学大学院総合文化研究科博士課程（政治学）

―― key words ――

日本、難民政策、再定住／Japan, Refugee Policy, Resettlement

1. はじめに

　第三国定住による難民受け入れを開始するとした日本政府の決定は、大きな驚きをもって関係者に捉えられた。日本はその閉鎖的な難民行政で広く国内外に知られてきたのであって、今回難民受け入れに積極的な姿勢を見せたことが、従来の難民行政からの脱却をおおいに期待させたからである。政府は、「UNHCR が国際的な保護の必要な者と認め、我が国に対してその保護を推薦する者」かつ「日本社会への適応能力がある者であって、生活を営むに足りる職に就くことが見込まれるもの及びその配偶者又は子」という条件を満たす難民を、2010 年から 3 年間にわたり 1 年に 30 人（計 90 人）試験的に受け入れることを 2008 年 12 月 16 日の閣議了解で決定した[1]。本稿執筆時点では既に 1 年目のカレン難民 27 人がミャンマー・タイ国境地域のメラ（Mae La）難民キャンプから到着し、2 年目に来日する難民の選定が開始されている。

　新たに難民を受け入れること自体は概ね好意的に受け止められている一方で、大きく 4 つの視点から第三国定住政策に関する懸念が示された[2]。すなわち、①第三国定住制度の決定や実施・運用に関し、その過程及び実情が不透明で、その評価基準も曖昧であることに対する懸念、②第三国定住によって受け入れられる難民（以下、第三国定住難民）の選定基準に関し、30 人と僅かであり、更に「日本への適応能力」が盛り込まれるなど人権や脆弱性を十分に考慮していないことに関する懸念、③日本語教育や職業訓練などの定住支援が半年では不十分ではないかという懸念、そして、④第三国定住難民と、従来から日本に存在する自ら日本にたどり着いた難民という 2 つのカテゴリーが生じることになるところ、日本政府の対応に格差が生じないかという懸念である。第三国定住制度導入に対する評価は必ずしも定まっておらず、日本の難民行政におけるその意味の位置づけは一見難しいように見える。

本稿ではまず、第三国定住制度の導入を日本の難民行政の歴史の中に位置づけることを試みる。ここでは国家の行為を決定づける場としての政治的領域と法的領域という分析枠組みから、特にインドシナ難民と条約難民をめぐる事例を中心に時系列的に歴史を振り返り、圧倒的な「法の欠如」及び「政治的領域での決定」が日本の難民行政を特徴づけてきたことを示す。次に、今回の第三国定住制度の内実及び導入過程を吟味し、その政治性を確認するとともに、これまで提示されてきた懸念がまさにこの政治性に根ざしていることを指摘する。そして最後に、まだ同制度が始まったばかりであり安易に評価を下すことは避けられなければならないことに留保しつつ、今のところ、第三国定住制度の導入それ自体をもって日本の難民行政の特徴が変化したと見る明らかな証拠はまだ十分には提示されていないと結論づける。

2. 分析の視角

(1) 自由主義的包摂

　近年の移民研究は、自由主義的規範が自由主義諸国の移民・難民受け入れ政策に法的・道徳的な制約を課し、外国人の包摂を不可避的に生じさせているという点に合意している。自由主義論者のJ. グレイは、個人主義、平等主義、普遍主義、メリオリズムという4点を多数存在する多様な自由主義に共通する要素としている[3]。近年の入国をめぐる政治の文脈において、これらの自由主義的価値が要請する規範とは、例えば一般的な人権の尊重（及び人権法の遵守）、市民と非市民の間での平等、更には庇護希望者に対する適正手続きの確保や長期間領域内に滞在している人々に対する適切な対応などを含むようになっている[4]。この自由主義的規範の存在により、多くのヨーロッパ自由主義諸国は労働者移民の受け入れを停止した後も完全に国境を閉ざすことが出来ず、自由主義的価値を伴う主張を提示する特定の人々を受け入れざるを得ない状況が続いている。難民や庇護希望者、そして家族統合を求める人々がそうしたカテゴリーに属する移民であり、1970年代以降、彼らはヨーロッパ諸国への移民の大部分を占めるに至っている。
　この自由主義的規範による制約が引き起こす自由主義的包摂は、その性格上、法的な領域で実現されやすい。自由主義的包摂は、しばしば政治による排除の力学と、法による包摂の力学とのせめぎ合いという枠組みの中で捉えられる[5]。この制約の源泉がどこにあるのか――すなわち国際人権法など国際的な法体制から生じているものなのか、それとも特に憲法など国内的な枠組みから生じているのか――に関する古典的な議論はまだ決着を見ていない。一方で「グローバリスト」たちは、外的な国際的な人権法枠組みが国家の裁量的な意思決定過程に与える影響を重視する[6]。ソイサルによると、「戦後期の権利に関する国際的に画一化させる言論が、多様な権利を向上させただけでなく、不法移民をも含む非市民の権利を拡大させた」ために国家の決定能力は衰退し[7]、「誰が社会の構成員として含まれるべきか」という国家の根本にかかわる事柄についてさえ国家は自ら決定することが困難になっている。これに対しヨプケなどは、国家が実際に制約を

受ける具体的な過程を分析する中で、外的な国際的要因ではなく、内的な国内制度が自由主義的規範の実現化において果たす役割を強調した[8]。自由主義国家は、自らに内在する人権へのコミットメントに由来する憲法によって自分自身に制約を課すのであって、例えば国際法もその実効性を発揮するためにはまずは国内法に取り込まれる必要がある。各国家は自ら進んで自分の手足を縛っているのだから、その結果として生じる外国人の受け入れは国家の決定能力の低下を示すものではない[9]。ただ、外的にしろ内的にしろ、自由主義的規範が権利基底的（right-based）な形態をとり、法をその道具として国家の行為を規制するという点について、両者は一致している。

　もう一方で、自由主義的包摂は、政治的領域でも起こり得ることも確認されている。政治的領域をめぐる動きは文脈的かつ流動的である。周知の通り近年のヨーロッパ諸国では継続的に反移民・難民感情が表層化し、差別的な暴力事件も後を絶たない。多くの政府がこうした国民感情に配慮し、査証要求や、査証や真正なパスポートを持たない旅行者を搭乗させた船舶・航空会社に対して制裁を科す運送業者制裁、そしてEU領域外での難民審査手続き執行といった不到着政策・抑止政策を採用・構想するなど、程度の差はあれ、移民・難民受け入れ政策を厳格化させる傾向にある[10]。しかしながら、フリーマンによると、主に北アメリカの文脈においては反移民的言論を禁止する「反ポピュリズム規範（antipopulist norm）」が政治空間に広く存在し、民衆が反移民感情をしばしば抱いているにもかかわらず、移民拡大的な言論のみが正当性を持つという[11]。この反ポピュリズム規範は、政治家による反移民的法案の提出や反移民感情の動員を妨げるため、「自由民主主義国家は内在的に拡大的かつ包摂的である」[12]とされる。

(2) 日本——難民のいない自由主義国家

　従来のこうした移民・難民研究は、第一義的に西欧自由主義国家に注目してきたのであって、この自由主義的包摂の理論が非西欧の自由主義国家の文脈でどのような意味を持つのか、に関する議論は十分になされていない。ここで、日本はアジアの自由主義国家として興味深い事例を提示している。なぜなら、日本の状況は自由主義的包摂の理論に真正面から挑戦しているように見えるからである。西欧自由主義国家と比較した場合、日本は閉鎖的な移民・難民政策と外国人及びマイノリティ集団に対する差別的な対応で知られていると同時に、自由主義国家の中では最も外国人に対して閉ざされた社会を形成している[13]。2010年に受け入れた難民は39名で（申請者数は1,202）、1次審査における認定率は1.8％に過ぎない。ここで、日本がいかにして一方では自由主義的な制度を持つ自由主義国家でありながら、もう一方で国境を閉ざし続けることに「成功」してきたのかを問うことには意味がある。本稿では、自由主義的規範の影響と日本の閉鎖的な実務との相互関係に焦点を合わせ、議論を展開させていく。

　なぜ日本の難民政策は厳しいのかという問いに対し、単純に、日本は成熟した自由主義国家ではないから、という答えが弁護士、実務家、NGO、研究者といったあらゆる関係者から繰り返し提示されてきた。確かにこれまでの人権をめぐる日本政府の対応を振り返ると、この説明の妥当性を否定するのは難しい。しかしながら、日本は限定的ではあるもののインドシナ難民及び条

約難民を受け入れ、更に第三国定住制度を開始した。これらの些細ではあるが重要な開放的事象は、従来の説明だと十分には説明できない。更に従来のアプローチは、大きく3つの限界を日本の難民研究に生じさせるという副作用を伴ったように思われる。第1に、日本を未熟な自由主義国家とみなす言論は、政府の偽善的な振る舞いを厳しく批判することに終始し、実際の閉鎖のメカニズム——つまり、具体的にいかなる過程や要因で国家は国境を閉ざしてきたのか——を解明しようとする研究にはつながってこなかった。第2に、この従来のアプローチは、例えば欧米諸国と日本の難民認定者数を比較するなど欧米諸国の経験との差異を強調することによって、日本の特異性を際立たせようとする傾向が強い。そのために欧米諸国の経験はあくまでも日本の異常さをあぶり出すためのみに使用され、その結果両者の類似点が見逃されてしまった。第3に、従来のアプローチは、日本の難民研究の大部分が法学、特に国際法の視点からなされ、他の学問分野からの難民研究が停滞していることとも無関係ではないように思われる。日本の難民問題及び難民研究において、法学は法務省入国管理局が行う難民手続きに関する障壁を「こじ開けるための理論的ドリルという役割」[14]を担ってきたのであって、それはまさしく日本政府の法理解の誤謬を指摘し、自由主義国家としての日本の未熟さを糾弾するという方法でなされてきた。本稿は、日本が難民を受け入れてこなかった具体的なメカニズムを欧米諸国の経験から提示された枠組みで示すことによって、上記の限界を超える一助となることを目指す。

3. 日本の難民行政

(1) 1970年代以前の庇護——政治的利益による支配

　1970年代以前は、外国籍者の人権や平等に対する国家利益の優先という、政治的裁量による圧倒的支配の時代として位置づけられる。拘束力のある人権法は存在せず[15]、政府は何の法的制約も受けることなく政治的利益を入国管理政策に反映させることができた。入国管理を天皇の大権事項とし、一部のユダヤ系難民など国家にとって有益であると目された人々のみに庇護を授与していた戦前の政策との連続性が顕著である。厳格に拘束力のある法の欠如により、自由主義的なアクターとしての司法機関の能力は著しく制限されていた。憲法98条に従い裁判所の決定は理論上国際的な法枠組み及びその発展に左右され得るものの、日本は入国管理に影響を及ぼすような国際条約には加盟しておらず、また国際慣習法はその性格上曖昧であり、裁判所が厳格な解釈に基づいて判決を下すことを可能としていた。また、共産圏からの庇護希望者については、彼らをそのまま第三国（ほとんどの場合アメリカ）へと物理的に移送することができた[16]。冷戦構造下のアメリカは移民政策と外交政策を密接に関連させ、共産主義体制の正統性を浸食するために共産圏から逃れてくる難民を積極的に受け入れていた[17]。このアメリカの実務によって日本には一時的な通過国としての役割のみが要求され[18]、難民受け入れの道徳的責任は回避されていた。

しかしながら、自由主義的規範の萌芽は国内社会に既に見られ、政治亡命者の保護及び難民条約加盟の必要性を訴える声があがっていたことは見逃されるべきではない。当時の自由主義的規範は、反（自国）政府的な政治活動に従事したために帰国すると迫害される危険のある在日韓国人への関心にそのルーツを持ち、主に日本社会党の国会議員を通して議会へと持ち込まれた。政府は繰り返し場当たり的な理由で難民条約への加盟を拒み続けたものの[19]、1963年という早い時期に、不法入国者であっても「政治亡命ということが非常に明確な場合には、……迫害の待っている国に強制送還はしない」[20]と明確な立場を示している。この立場は以後繰り返し確認され、1976年にはついに難民条約上のノン・ルフルマン原則の遵守をも含むようになる[21]。これらの発言の実効性は過大評価されるべきではないが――依然として法務大臣に圧倒的な裁量が認められ、「国益と人権のバランスをとる」との留保も付いていた――インドシナ難民到来とその後の国際的圧力がかかる以前から、外国人の人権を全く考慮しない論理が正当性を持たなくなっていたことを指摘しておくことは重要である。日本は自らノン・ルフルマン原則の遵守を掲げたのであって、この文脈の中で最初の「ボート・ピープル」が1975年5月に千葉港に到着した。

(2) 1970年代と1980年代初期の庇護の自由主義化――インドシナ難民の到来

　政府は当初、従来の方針をそのまま踏襲する形でインドシナ難民に対応した。拘束力のある人権法と庇護制度が欠如していたため、政府は出入国管理令を機械的に適用し、彼らを不法移民もしくは水難者とみなして第三国へ送るか、厳しい条件を満たした者に対してのみ一時滞在を認めた。国内外からの批判と日本に到着するインドシナ難民の増加のため、1978年4月についに政府は閣議了解でベトナムからのインドシナ難民を定住者として受け入れるとしたものの、再び厳しい条件が課され、その閉鎖性は継続された[22]。この閉鎖性を擁護するために政府が利用した言論は、大きく4つのカテゴリーに分類できる。第1に、国家・国民の利益擁護である。国内的には雇用が日本人に確保されるべきことが主張され、国際的には難民送出国となるアジア諸国との外交関係の悪化が懸念された[23]。第2に、国土が狭い、人口密度が高い、単一民族である、といった日本の特殊性が強調された。第3に日本に定住することが難民自身の幸福にとって好ましくないとの議論が提示された。瀬戸山三男法相は、「……（日本という）競争が非常に激しいところで、ああいうベトナムの人のような方々がちゃんと職について安住の地を得られるかどうか……に問題がある」とまで述べている[24]。第4に、日本は既に難民の人権擁護という責務を果たしていること、すなわちアメリカに次ぐ第2位となる巨額の拠出金をUNHCRに提供していること、そして日本はまだ慣習として確立されていないノン・ルフルマン原則を率先して遵守しており、その意味で既に国際基準を超えているとの解釈がなされた[25]。

　それでも1975年に初めてインドシナ難民が到来して以来、制限的ではあるが自由主義的な変化は継続的に確認された。一時滞在及び定住条件が緩和され、ラオス及びカンボジア国籍者へと定住の対象者が拡大されると同時に、1979年4月当初500人に設定された「定住枠」は徐々に拡大され、1985年には1万人とされた。1979年にはベトナム政府とUNHCRとの「合法出国に

関する了解覚書」に従い家族呼び寄せが開始され、最終的に 11,319 人のインドシナ難民が日本での定住を認められるに至った。これらの政治的決定が立法化を伴わず、インドシナ難民問題に限って適用される「閣議了解」という形でなされたことは重要である。政府は当時、入国管理局が「一番困っている」[26] 韓国からの不法入国問題への影響を含め、インドシナ難民問題で採用した寛大な政策が将来的に他のケースに援用されることを非常に恐れていた。インドシナ難民への対応をめぐる自由主義化の背景には、2 つの大きな要因が存在する。まずは広く指摘されている通り、国際的な批判・外圧の影響が強かったことは間違いない。各政策決定時期と日本が厳しい批判にさらされた各国際会議の時期との関連性は顕著であり[27]、日本の国際的評価への懸念が特に外務官僚によって繰り返し言及された。次に、国内的な要因が補完的な役割を果たしたと考えられる。インドシナ難民問題に対する注目度が高まるにつれ、先に示した政府の場当たり的な論理は急速に正当性を失い、1970 年代終わりには既に人権擁護の責務を果たしているという言論——つまり UNHCR へ多額の拠出金を提供していること及びインドシナ難民を追い返していないこと——のみが利用されていた。これらのコミットメントが実務で実行されたかどうかはさておき、1970 年代の早い時期から日本は自由主義的な装いをせざるを得なくなっていたのである。

(3) 1980 年代と 1990 年代——国境管理への回帰

この自由主義化傾向は、1981 年の難民条約加盟によってその頂点を迎える。条約加盟に伴い「出入国管理令」は「出入国管理及び難民認定法」（以下、入管法）に改正され、難民認定業務は法務省入国管理局の管轄となった。この歴史的決定に至るまでの経緯を見てみると、実は一見矛盾する 2 つの全く異なった流れを確認することができる。一方で、政府はこの国際条約に署名することによってその裁量権を失うことを確実に恐れていた。政府は在日韓国系移民への影響及び将来的に起こり得る大規模移民に同法が適用されることを一貫して警戒してきたのであって、この観点からすると、日本は場当たり的な言い訳が通用しなくなっていく中でついに国内外からの批判や政治的圧力に屈し、その最終防波堤である主権の一部をあきらめ、この問題を政治的領域から国際的な法枠組みの支配下に置くことに不本意ながら合意したと見ることが出来る。

もう一方で、政府はインドシナ難民問題に関する限り、難民条約加盟にそれほど消極的ではなかったことも確認できる。最初のインドシナ難民が到来した直後の 1975 年 6 月 25 日という早い段階で稲葉修法相は「難民条約批准の機は熟した」と述べ、1979 年 3 月には園田直外相が「いわゆる難民条約については次期通常国会においてその承認を求める」旨答弁した[28]。更に、厳しい国際的批判を受ける以前の 1976 年 10 月の時点で、もし難民条約が厳格に適用されれば、インドシナ難民の多くが難民の定義に当てはまらないことを政府は既に認識していた[29]。この認識は、香港や台湾で一度保護された後に日本に入国し、その後超過滞在するいわゆる「流民」と呼ばれた、管理することが難しいインドシナ難民に関する問題が浮上すると更に強められた。先に述べた通り、政府は入国政策については既に国際基準以上の実務を行っていると考えており、難民条約加盟によってむしろより実効的な国境管理が可能になることを想定していた。向江はこ

の観点を発展させ、日本はその国家主権を回復するために国際難民保護体制に加わったと議論する[30]。「国家主権の増減の計算」という要素が背景に存在したため、日本にとって難民条約加盟の閾はそれほど高くはなかったのである。

国境管理のために国際的難民保護体制に従うという戦略は、1990年代以降、徹底的に政府に採用されることになる。1989年にインドシナ難民が急増し、その多くが経済的移民であり、中国国籍者の「偽装」難民も存在するとの認識が強まると、政府はすぐに国際的な発展に目を向けた。1989年6月にインドシナ難民国際会議で採択された包括的行動計画（CPA）に従い、政府は難民条約上の難民の定義によってインドシナ難民を審査するスクリーニング制度を9月に導入することで効果的にインドシナ諸国出身者の受け入れを拒否し、中国国籍者を水際で追い返した。1994年以降、インドシナ難民は他の庇護希望者同様、同じ基準で機能している難民認定手続きの下で審査されることになり、これをもって正式にインドシナ難民受け入れ制度は終了されることになった[31]。

インドシナ難民の事例において、政府は閉鎖的な対応に対する批判という形で実体化された国際的な自由主義的規範と、それを補完する国内的な自由主義的勢力から直接的な制約を受けたと言える。この制約は権利基底的な形をとらない、規範的・道徳的なものであった。規範を媒介し得る拘束力のある法枠組みが欠如しており、唯一影響力を持ち得た国際慣習法は、その曖昧性のためむしろ政治的利益が自由に入り込む余地を与えていた。全ての決定は既存の法改正を伴わない政治的な決定であり、その包摂性の対象はインドシナ難民のみに限られていた。庇護政策自由化の過程においてヨプケがヨーロッパの文脈で重視した司法の役割は文字通り皆無であり、皮肉にも、日本は国際的な人権法枠組みに加わることによって更なる自由主義的規範の制約を回避しようとした。政府は最も実効的な管理を達成できる均衡点を模索し、難民条約に加盟することで主権の一部を手放す選択をしたのだが、この戦略は見事に「成功」し、1989年以降到来したインドシナ難民の約半数、そして新設された難民認定制度の下、1990年代以降ほとんどの庇護希望者の受け入れを拒否するに至るのである。

(4) 1990年代の庇護――ゼロ難民

1980年代以降の好景気は、経済的成功を求める外国人労働者をひきつけた。外国人の増加に伴い不法滞在者への懸念が高まると、政府は不法入国・不法滞在者への対応が不十分であるとの批判にさらされた。外国人に対する懐疑的な言論は難民問題へと波及し、1990年代の庇護は「大量の偽装難民」に対する懸念で幕を開けることとなる。1970年代から80年代に見られた自由主義的な言論は隅に追いやられ、難民に対する政府の態度は従来の厳しいものへと逆戻りし、難民認定数は文字通りほぼゼロという状況が続く事態に陥った。この閉鎖性は、行政と司法という2つの領域を媒介して巧妙に実現されていく。

行政の領域において、政府は相変わらず国家利益を優先し続けることが出来ていた。まず、国家に制約を課すはずの難民条約は、その機能を発揮することに脆くも失敗した。難民条約の内実

はその草稿段階から締約国の政治的思惑に左右され、その理想は国家利益に広く浸食されていたのだが[32]、政府はこの特徴をよく理解することによって自らに都合のよい国内法を整備したのである[33]。庇護権の欠如や難民認定手続きに関する指針の欠如といった難民条約の欠点はことごとく政府に利用され、その結果日本の入管法は、入国管理と秩序の維持を優先する官僚の価値を強く反映するものとなった[34]。また水面下では、友好国との外交関係に対する考慮も継続されたと見られている[35]。政府は否定しているものの、クルド系トルコ国籍者及び中国国籍の法輪功修練者がなかなか難民として認定されないことの背景に外交関係への配慮があるとの疑いは根強い[36]。

　一方司法の領域において、裁判所は依然として沈黙したままであった。難民申請者数の少なさは訴訟件数の少なさを自動的に意味し、難民事件に関する裁判所の理解は遅々として進まず、僅かに持ち込まれた訴訟においても裁判所は政府に好意的な判決のみを出し続けた。難民不認定取り消し訴訟における初めての勝訴判決は1997年10月の名古屋地方裁判所判決を待たなければならず、高裁レベルでは、実に2005年6月の大阪高等裁判所判決まで勝訴判決が出されることはなかったのである。この閉鎖性の背景には、庇護に関する問題を政治的領域に閉じ込めようとする政府の努力が存在した。政府は敗訴の可能性が高くなると、難民不認定を自ら覆すか、もしくは在留特別許可（以下、在特）を出すことで判決が出ることを防いでいた。在特は、制度上難民申請とは関係のない退去強制手続きの中で、法務大臣の完全な裁量によって――つまり政治的決定の結果として――発行され、その要件に関する明確な基準も提示されていなかった[37]。ここで、政府は敗訴の見込まれるケースに関し、訴訟の取り下げを条件に原告に対し在特を発行するという手段をとったのである[38]。政府は判例が出ることで将来的に司法の制約を受けるよりも数名の難民申請者に滞在を認めてしまうことを選択したのであって、これが最高裁判所で難民不認定取り消し訴訟の勝訴判決がいまだに出ていない理由の一つとなっている。少ない訴訟件数、裁判所の閉鎖性及び広大な裁量を持つ政府の実務によって、裁判所は自由主義的アクターとして活躍する機会を失っていたのである。

　この「ゼロ難民」行政は、国内外で徹底的に批判された。批判は法制度だけでなく入管の実務及び一般的な難民申請者に対する対応にも向けられ[39]、例えば難民認定手続きの不透明性、不十分な通訳・翻訳者の手配、空港や国内での難民申請に関する情報提供不足、難民申請の受領拒否、審査結果が出るまでの長い待ち時間、難民調査官の専門知識不足、申請者に要求される高すぎる立証責任、不十分な出身国情報の調査、恣意的で長期間に及ぶ収容、入管提出書類の翻訳の義務化、警察による難民申請者の逮捕など、多岐にわたった。批判者によると、難民審査は非常に裁量的な手続きであり、人権よりも管理を重視する入管職員によってその正当性は著しく浸食されていた。これらの批判に対し、政府は唯一絶対的な反論を繰り返した。すなわち日本は誠実に法を遵守しており、難民行政は全て難民条約の要請と合致しているという説明である。他にも例えば、日本の庇護手続きが「難民認定基準ハンドブック」（以下、ハンドブック）に沿っていないとの批判に対しては、「ハンドブックは単なるハンドブックであり、法的な拘束力はない」と説明し[40]、UNHCRによって難民と認定されたいわゆるマンデート難民を難民認定しない理由とし

て「我が国の入管法上の難民の認定とUNHCRによるマンデート難民の認定とは必ずしも一致しない」[41]ことをあげた。難民条約は、閉鎖的な行政を可能としただけではなく、その正当化の確固たる根拠をも与えたのである。

　不法滞在者・入国者の取り締まり及び難民の受け入れ両方に責任を持つ機関である入管は、政治の両極から批判を受けた。上記の自由主義陣営からの批判に加え、特に2001年の9.11テロ事件以降、自民党議員からより強固な国境管理及び外国人犯罪の防止を要求する批判が向けられた。ここで、入管内でのバランスは一方的に規制の方向に傾いた。バングラデシュとスリランカに対する査証免除の停止（1989年と91年）と、初めての入管法改正に伴う不法就労者の雇用者制裁の導入（1990年）は外国人労働者が日本に来ることを効果的に抑止し[42]、その後も1997年から2006年まで連続的に国境管理強化のための改正が加えられた。2006年には運送業者制裁も強化され、空港では外国人に指紋採取が義務づけられた。

(5) 2000年代の自由主義定着の萌芽

　怒涛の国境管理政策の中で、しかしながら、自由主義的規範は僅かながらも具現化の萌芽を見せ始め、2つの事件——アフガニスタン難民申請者摘発・収容事件と瀋陽・日本総領事館への亡命者駆け込み事件——を契機として、2004年の法改正という一定の成果を生み出すに至る。2001年10月3日に起きた、アメリカによる報復攻撃直後に来日した難民申請中のアフガニスタン国籍者9名の摘発・収容事件は、その後収容中のアフガニスタン難民申請者8名が自傷行為に及ぶなど、衝撃的であった。メディア、NGO、UNHCRからの辛辣な批判に対して、政府は「法は遵守している」という使い古された回答を繰り返し、不法滞在者は難民申請者であっても「本来は我が国から退去強制されるべき者であることは間違いない」[43]旨述べた。この政府批判の勢いは、2002年5月の瀋陽駆け込み事件をめぐる論争へと引き継がれる。総領事館へ駆け込んだ亡命者一家が当局によって引きずり出されるという、生々しい映像が繰り返し日本国内で放送された結果、避難の矛先は難民受け入れの主管官庁である法務省へと向かった。そしてついに森山眞弓法相は難民問題に関する専門部会を新設し、その報告書をもとに入管法の難民認定部分が初めて改正され、2004年入管法が成立するに至った。2004年法では、①60日ルールの撤廃、②在留資格のない難民申請者の地位安定を図るための仮滞在制度の導入、③異議申立手続きに独立性を持たせるための参与員制度の導入、④難民認定者への定住者資格授与の保証が主な改正点として盛り込まれた。2005年以降、難民申請数、認定数、在特数がそろって増加したことを踏まえると、2004年法はある程度の自由主義化効果を発揮したと考えられる。

　2000年代以降の自由主義的規範の浸透は、インドシナ難民をめぐる展開と比較すると、権利基底的な形をとった点が特徴的である。政府への批判は、そのほとんどが難民条約の誠実な遵守を求めるという形で提示された。難民条約は政府に利用され続けたものの、同時に多様な自由主義的アクターに彼らの主張を展開する基盤を提供したのである。この特徴は、大きく3つの点で確認できる。まず、国内の非政府的アクターが、自由主義的規範の実現化に一定の役割を果た

した。阪神・淡路大震災を契機とする「ボランティア」活動の活性化と1998年の特定非営利活動促進法により国内NGOは成長し、インドシナ難民支援の経験のあるNGOに加え、難民支援協会（JAR）など権利保護意識の強い新しいNGOが誕生した。NGOはまだまだ政策過程から排除され続けており、自由主義的制約を国家に課す存在になっているとは言い難いが[44]、省庁間で難民対策について議論・調整を行う場である難民対策連絡調整会議に2005年12月までに6回招かれその意見を求められるなど[45]、一定の存在感を示している。また、弁護士は精力的に難民申請者を個別に支援すると同時に組織的な意見表出を続け、1997年に設立された全国難民弁護団連絡会議（全難連：JLNR）は、その設立当初の目的であった60日ルールの撤廃を2004年改正法で実現することに成功した。

次に、2000年代における国際的な圧力は、外国政府ではなく、UNHCRによって媒介された。UNHCRは定期的に政府と意見交換を行い、難民申請者及び各申請の進行状況に関する情報を得ると同時に、事業実施パートナー（IP）であるJARから各個別ケースの詳細な情報も得ていた。UNHCRは入管で行われる正式な難民審査手続きと並行してかなりのケースに関して独自に難民審査を行い、その結果難民として認定された「マンデート難民」に対し、その旨を示す証明書を彼らが強制送還の危険性がある場合に発行していた[46]。この実務は彼らの強制送還を防ぎ、更に入管に当該ケースの再審査の要求を突き付けるものであった。また、UNHCRの意見書やUNHCR執行委員会が採択する「結論」は繰り返し政府批判の根拠として使用され、政府もUNHCRとは協力関係にあると主張することでその批判をかわさざるを得なかった。2004年の法改正に関し、政府は難民参与員制度の導入はUNHCRの要望に応えたものだと述べ[47]、参与員の選定も一部UNHCRの推薦に基づいている。

第3に、限定的ではあるものの、訴訟件数の増加に伴いようやく裁判所が影響力のある自由主義的アクターとして機能し始めた。一般的に、裁判所の判決は依然として政府に好意的ではあるものの、経験と専門性が徐々に裁判官に蓄積されるにつれ、近年では高裁レベルでも積極的な判決が出始めていることは先に述べた。例えば2002年1月17日の東京地方裁判所の判決において、入管による60日ルールの「やむを得ない事情」の解釈は難民条約や難民認定制度の趣旨に合致せず、少なくとも在留資格を有している間になされた申請に関しては、申請期間制限の適用は特定の場合に限定されるべきという見解が示されるなど[48]、政府の裁量に制約を課し得る判決も散見されている。裁判所の発展は過大評価されるべきではないが、少なくとも、2000年代以降の権利基底的な性格を特徴づける重要な要素となっている。

この自由主義化傾向は、今なお萌芽的なものである。その改正当初から指摘されているように、現行の入管法は制限的な特徴を十分に残しており[49]、政府はその特徴を利用することによって国境を閉ざし続けている。新設された仮滞在の制度は十分に機能しておらず[50]、参与員制度が導入されたものの異議申立段階での難民認定は皆無に等しい。空港の入国審査官に与えられている広大な裁量権は残されたままで、空港での難民申請者数は非常に少ないままである[51]。法に対する政治の優勢も継続し、これは、UNHCRのマンデート難民2名が最高裁において退去強制令書取り消し訴訟が係争中であったにもかかわらずに強制送還されるという、2005年1月の

事件が象徴的であった。UNHCR の批判に対し、政府は「UNHCR の基準と各国の基準は異なる」[52]、「ハンドブックに拘束力はない」[53] という従来の説明に逆戻りした。更に、2008 年には難民申請者の保護費が枯渇するという事態が起きるなど[54]、難民受け入れ制度の不備が指摘されている（政府は相変わらず難民申請者の保護は難民条約上の義務ではない旨主張した）[55]。こうした状況の中で、第三国定住制度開始のニュースが突如もたらされたのである。

4. 第三国定住制度

　第三国定住制度の導入には大きく 2 つの要因が存在した。第 1 に外的な国際的要因として、UNHCR によるイニシアティブが重要である。2000 年代に入り、それまで経済移民を引き起こす要因になることや、冷戦終結後に自主帰還が最も適切な恒久的解決策として強調されたために十分には注目されてこなかった再定住が[56]、特に 2001 年のグローバル・コンサルテーション以降、再び恒久的解決策として強調されるようになった[57]。グテレス国連難民高等弁務官は、2005 年 6 月の同職就任以来積極的に日本を訪問し、2006 年末には次期 UNHCR 駐日代表就任が決定していた滝澤三郎を同行させている。2007 年 1 月に駐日事務所代表に就任した滝澤は、日本における難民問題への関心を高めること、日本政府による UNHCR への拠出金の向上、そして再定住の導入を働きかけることを代表としてのミッションとして与えられていた[58]。滝澤は、早速就任直後の記者会見で再定住に言及するなどメディアで活発な発言を続ける一方で、毎月非公式に稲見敏夫入国管理局長を訪問し、再定住の話を持ちかけた。当時マンデート難民強制送還事件の影響などにより UNHCR は入管と対立的な関係にあったが、もともと法務省入国管理局職員であった滝澤は、稲見とは「同じ釜の飯を食った仲」[59] であり、非公式の会合を持つことが出来ていた。法務省の性格をよく理解していた滝澤は、法務省を批判するよりもその評価できる点を強調することで関係の改善を図り、「たとえばタイに逃れているミャンマー（ビルマ）の少数民族などアジアの難民を数家族でも受け入れれば」[60] 法務省及びアジアにおける日本のイメージが良くなることを積極的に訴えるという戦略で稲見の理解を求めた[61]。また、第三国定住難民には UNHCR によるセキュリティーチェックが入ることもあり、数家族であれば治安への影響は皆無であること、そして難民の選定も UNHCR が難民キャンプで行うために行政コストもかからないことも説得材料とされた[62]。その結果法務省はついに動き出し、2007 年 7 月には非公式の勉強会が開始され、9 月からは鳩山邦夫法相の許可を得て制度導入を見越した検討会が進められた[63]。

　第 2 に、日本国内及び政府内に第三国定住難民制度の導入に好ましい発展があった。労働力不足と少子高齢化を背景に移民受け入れに関する議論が高まりを見せており、2005 年 12 月に発足した自民党の外国人材交流推進議員連盟（以下、自民党議連）は、2008 年 2 月の中川秀直の会長就任以来活発に勉強会を重ね、「移民 1000 万人受入れ」を打ち出すに至る[64]。勉強会に招かれた滝澤や国際移住機関（IOM）は、難民の受け入れを含む包括的な移民政策の実施を求めた[65]。

その結果、高度人材、熟練労働者、移民の家族、投資移民とともに、「人道的支援・国際貢献に基づく移民（難民など）」として、受け入れる移民のカテゴリーに難民が加えられた[66]。また、国際的なイメージの向上を目論んでいた日本政府の思惑の背景には、国連安全保障理事会の常任理事国入りの野望が見え隠れしていたことも指摘されている[67]。自民党議連の提案に見られるように、第三国定住制度の導入は常に国際貢献の一環として語られ、第三国定住制度に関する勉強会の存在の公表（2007年11月）や閣議了解（2008年12月）による決定は、ともにグテレス難民高等弁務官の来日に合わせて行われた。鳩山法相も国際貢献の一環として制度導入に積極的な発言を繰り返し[68]、この流れはついに麻生太郎内閣下でのパイロットケースとしての第三国定住制度導入に結実したのである。

　第三国定住制度の特徴は、その高い政治性に尽きる。インドシナ難民受け入れ同様、制度導入の決定は法改正を伴わない「閣議了解」であり、政治的領域での決定に他ならない。自由主義的規範は UNHCR を媒介して外的な圧力として登場したが、その圧力は権利基底的な形をとらなかった。つまり日本政府は、難民に「権利」があるからこの制度を導入したのではなく、あくまでも日本の国際的なイメージの向上という政治的利益をその最も大きな動機としていた側面が強い。そもそも国家には再定住の枠組みで難民を受け入れる法的義務は存在しないのであって[69]、再定住は内在的に非常に政治的な性格を持つ制度である。ここで、本稿の冒頭で整理した第三国定住制度導入に対する懸念は、実はそのほとんどがこの政治性に由来している。政府にとって、国際的なイメージの向上という至上命題を遂行するためには必ずこのプロジェクトを「成功」させる必要があり、この場合政府にとっての成功とはすなわち「何も問題が起きないこと」であった。この目的のために政府がとった戦略は第三国定住難民の徹底的な外部からの隔離であり、マスコミへの情報提供は制限され、NGO は政策形成及び定住政策執行過程から完全に排除された。また、「日本への適応能力」及び「生活を営むに足りる職に就くことが見込まれる者」を第三国定住難民の条件としている点に関しては、難民キャンプで生活している難民の人権擁護というよりも、日本で「問題なく」生活してもらうことを優先した結果であり[70]、30人に限定された点も政府が十分に「把握可能な範囲」に限った結果なのであった[71]。

5. 結論

　日本の難民受け入れの歴史は、政治的排除の、法的包摂に対する圧倒的勝利の歴史である。インドシナ難民にしろ、条約難民にしろ、第三国定住難民にしろ、その絶対的な数は非常に少ない。それでもこれまで見てきたように、特に1970年代以降、日本は一度として自由主義的価値を伴う主張を完全に無視することが出来ず、欧米諸国と同じように自由主義的規範の圧力を経験してきた。政府は多様な戦略を用いてその浸食を防ぎ、国境をめぐる主権を維持してきた。日本の難民問題の現状を考慮すると、その戦略は見事に成功してきたようである。

　インドシナ難民の事例では、自由主義的規範は道徳的な形式をとり、日本に難民受け入れを迫

る国際社会と、韓国系マイノリティへの考慮を原動力とした国内勢力によって政治的領域で具現化された。政府はすぐに国境の管理を強め、それは皮肉にも国際的な発展とその法枠組みに厳格に従うことによって成し遂げられた。この政府の方針は条約難民をめぐる行政に引き継がれ、90年代以降のゼロ難民行政を生み出した。国家利益を担保していた難民条約の特徴がゼロ難民行政を可能とし、申請者数の少なさ、専門性と経験の少なさ及び政治的介入が司法の自由主義的アクターとしての活躍を妨げた。政府は出入国関連事項を法務省によって執行される行政手続きの中に閉じ込めることによって、効果的な入国管理を実現してきた[72]。難民条約は閉鎖的な国内法の制定を可能にしただけでなく、閉鎖的な難民政策の正当化の根拠をも提供したのであって、この閉鎖性は2004年の法改正以後も残されたままである。しかしながら、特に2000年代以降、自由主義的規範は権利基底的な形をとり、法的領域において具現化される萌芽を見せている。それは限定的ではあるものの、NGO、弁護士、UNHCRといった多様な内外の自由主義的アクターによってもたらされ、裁判所も徐々にその影響力を発揮し始めた結果である。難民条約が彼らに主張の根拠を与え、政府はついに法的な制約を受けつつあるように見える。

　2010年から開始された第三国定住制度は、日本・法務省のイメージの改善という政治的利益によって動機づけられた側面が強い。日本の難民行政史の観点から見た場合、第三国定住制度の導入は、2000年代以降の新しい変化よりも旧来の政治的領域の支配に特徴づけられる難民行政との連続性の方が顕著である。この点において第三国定住制度は、難民受け入れの実務に対する批判をかわすための安全弁として使われてしまう可能性があることが従来から指摘されてきた[73]。日本の文脈においても、閉鎖的な難民行政への批判に対し、第三国定住難民を受け入れているという事実がその正当化の論理として——つまり政府にとっての新たな政治的道具として——使用される可能性があり、既にこの功利主義的発想は散見されている[74]。今後は第三国定住難民の受け入れ人数の増加、より人権や脆弱性を基準とした受け入れ基準の検討、そして何よりも自ら日本にたどり着いた難民の保護の改善を徹底しない限り、日本政府は難民受け入れの責務を果たしていないとの従来通りの批判[75]を受け続けることになるだろう。第三国定住制度の導入は日本にとって間違いなく新しい難民受け入れの形であり、政府自らが述べている通り、今後の地域的・人数的な拡大にも可能性は開かれている。しかしながら今のところ、第三国定住制度の導入それ自体をもって日本の難民行政が変わったと見ることは、以上の理由によりまだ出来ないと言わざるを得ない。第三国定住制度が従来通りの政治的支配に特徴づけられる難民行政の単なる一例になるのか、それとも自由主義的包摂の新たな展開につながるのかは今後に判断が委ねられる。

　日本の難民問題は、法が存在しても、政治的意思がなければ難民の受け入れは行われないことを十分に証明してきた。ソイサルの重視する国際的な法体制も、ヨプケの重視する国内法も、それぞれが自由主義的規範を媒介する一つの装置ではあっても、それ自身が自由主義的包摂を引き起こすものではないのである。法は全てをその支配下に置くことは当然出来ず、その外部には常に広大なスペースが広がっている。そこでは政治的裁量が自由に動き回り、行政及び個人レベルでの恣意的決定が下されてきた。現在の日本の状況を踏まえると、法の支配領域を拡大させると

いう努力を継続させる一方で、法・制度を超える領域での力学を働かせない限り、今以上の難民の受け入れは生じないように思われる。自由主義的包摂が生じる重要な決定要因となるのは政治的意思であり、そしてそれは国家利益ではなく、難民を保護するという単純で、真摯な態度によって実現される必要があるだろう。

1 　内閣官房「第三国定住による難民の受入れに関するパイロットケースの実施について」閣議了解、2008年12月16日。
2 　例えば、「第三国定住難民——日本語習得を長い目で」『東京新聞』社説、2010年10月8日；「第三国定住——難民が暮らしたい国に」『朝日新聞』社説、2010年9月24日；「第三国定住難民『受入れ』定着と拡大を」『毎日新聞』社説、2010年10月1日；「難民に温かい国への脱皮を」『日本経済新聞』社説、2010年10月3日；石井宏明「難民受け入れ——『第三国定住』試行を生かせ」『朝日新聞』2010年3月21日；難民支援協会「難民の第三国定住開始の発表を受けて」2008年12月22日；ヒューマン・ライツ・ナウ「難民の第三国定住実施にあたっての見解」2009年2月3日。
3 　Gray, J., *Liberalism,* University of Minnesota Press, 1995, p. xii.
4 　Gurowitz, A., "Mobilizing International Norms: Domestic Actors, Immigrants, and Japanese State," *World Politics,* 51, 2006, pp. 413-45; Gibney, M., "The State of Asylum: Democratization, Judicialization and the Evolution of Refugee Policy," in Kneebone, S., ed., *The Refugee Convention 50 Years On: Globalization and International Law,* 2003, pp. 19-46.
5 　例えば、Guiraudon, V. & Lahav, G., "A Reappraisal of the State Sovereignty Debate: The Case of Migration Control," *Comparative Political Studies,* 33(2), 2000, pp. 163-195; Gibney, *op. cit.* これらの先行研究では、「法」と「政治」が対置され、「政治の領域」は行政をも含む「法以外の領域」とほぼ同意に捉えられている。なお樽本は、政治と行政を区別し、アメリカとドイツを「憲法主権」、イギリスを「議会主権」、日本を「官僚主権」として捉え、優れた考察を加えている。Tarumoto, H., "Is State Sovereignty Declining? An Exploration of Asylum Policy in Japan," *International Journal on Multicultural Societies,* 6(2), 2004.
6 　Soysal, Y., *Limits of Citizenship,* University of Chicago Press, 1994; Soysal, Y., "Changing Citizenship in Europe," in Cesarani, D. & Fulbrook, M., ed., *Citizenship, Nationality and Migration in Europe,* Routledge, 1996, pp. 17-29; Sassen, S., "The de facto transnationalizing of immigration policy," in Joppke, C., ed., *Challenge to the nation-state: Immigration in Western Europe and the United States,* Oxford University Press, 1998, pp. 49-85; Jacobson, D., *Rights across Borders: Immigration and the Decline of Citizenship,* Johns Hopkins University Press, 1996.
7 　Soysal, 1994, *op. cit.*
8 　Joppke, C., ed., *Challenge to the Natoin-State,* Oxford University Press, 1998; Joppke, C., "Why Liberal States Accept Unwanted Immigration," *World Politics,* 50, 1998, pp. 266-293; Joppke, C., *Immigration and the Nation-State,* Oxford University Press, 1999; Joppke, C., "Exclusion in the Liberal State: The case of Immigration and Citizenship Policy," *European Journal of Social Theory,* 8(1), 2005, pp. 43-61; Joppke, C., *Selecting by Origin: Ethnic Migration in the Liberal State,* Harvard University Press, 2005; Guiraudon & Lahav, *op. cit.*
9 　Freeman, G., "Can Liberal States Control Unwanted Migration?" *Annals of the American Academy of Political and Social Science,* 534, 1994, pp. 17-20.
10 　Guterres, A., Opening Statement at the 60th Session of the Executive Committee of the High Commissioner's Programme (ExCom), Geneva, 28 September 2009.
11 　Freeman, G., "Modes of Immigration Politics in Liberal Democratic States," *International Migration Review,* 29(4), 1995, pp. 881-902.
12 　*ibid.*, pp.881-882.
13 　Weiner, M., "Opposing Visions: Migration and Citizenship Policies in Japan and the United States," in Weiner, M. & Hanami, T., ed., *Temporary Workers or Future Citizens?,* New York University Press, 1998, pp.3-27.
14 　本間浩「難民に関する問題提起と『難民研究フォーラム』の意義」同責任編集『難民研究フォーラム』、2010年（http://www.

refugeestudies.jp/RSF%20booklet.pdf）。

15　唯一存在した関連法の 1951 年出入国管理令は、外国人の受け入れではなく、管理をその目的としていた。Morris-Suzuki, T., "The Wilder Shores of Power: Migration, Border Controls and Democracy in Postwar Japan," *Thesis Eleven*, 86, 2006, pp. 6-22.

16　1976 年 10 月 7 日の時点で、31 人が第三国に送られた（竹村照雄法務大臣官房審議官の発言、第 78 回国会参議院外務委員会 1 号、1976 年 10 月 7 日）。

17　Dominguez, J., "Immigration as Foreign Policy in U.S.- Latin American Relations," in Tucker, R. W., Keely, C. B., & Wrigley, L., ed., *Immigration and U.S. Foreign Policy,* Westview Press, 1990, pp. 150-166.

18　Takeda, I., "Japan's Responses to Refugees and Political Asylum Seekers," in Weiner, M. & Hanami, T., ed., *Temporary Workers or Future Citizens?,* New York University Press, 1998, pp. 431-451.

19　政府は難民条約に加盟しない理由として、①いまだ難民の定義が曖昧であり、様子を見る必要があること、②ヨーロッパを想定した条約で、日本とは関係性が薄いこと、③ 1967 年議定書はアフリカの紛争を想定しており、日本とは無関係であることをあげている。

20　中垣國男法相の発言、第 43 回国会参議院法務委員会 15 号、1963 年 5 月 28 日。

21　中島敏次郎外務省条約局長の発言、第 78 回国会衆議院外務委員会 3 号、1976 年 10 月 13 日。

22　すなわち、①日本人または日本に在留し安定した生活を営んでいる外国人の配偶者もしくは親子（養子を含む）であること、②適格な里親があること、③安定した職業につきかつ確実な身元引受人がいること（当該者の配偶者及び親子を含む）、という条件のいずれかを満たす必要があった。

23　竹村照雄法務大臣官房審議官の発言、第 78 回国会衆議院内閣委員会 2 号、1976 年 10 月 12 日。

24　第 84 回国会衆議院法務委員会 19 号、1978 年 4 月 25 日。

25　第 78 回国会衆議院外務委員会 3 号、1976 年 10 月 13 日。

26　竹村照雄法務大臣官房審議官の発言、第 78 回国会衆議院内閣委員会 2 号、1976 年 10 月 12 日。

27　例えば鳩山威一郎外相は、ホルブルック東アジア・太平洋担当国務次官補からの圧力を受け、「（ベトナム難民問題について）国際的に非難を受けることがあったならば、日本の外交として大変なマイナスである」と述べている（第 81 回国会衆議院外務委員会 3 号、1977 年 9 月 16 日）。また 1978 年の定住に関する閣議了解は、福田赳夫首相訪米の直前に発表された。政策決定と国際会議の時期に関するより詳細な関係は、Mukae, R., *Japan's Refugee Policy: To Be of the World,* European Press Academic Publishing, 2001 が詳しい。

28　山神進『我が国と難民問題』日本加除出版、2007 年。

29　竹村照雄法務大臣官房審議官の発言、第 78 回国会衆議院内閣委員会 2 号、1976 年 10 月 12 日。

30　Mukae, *op. cit.* 向江のこの優れた観察は、インドシナ難民問題以前の国内的な展開との関係に注意を払うことによって、より説得力を増すように思われる。

31　ODP を通した家族呼び寄せは、2005 年に終了されるまで継続された。

32　Hathaway, J., "A Reconsideration of the Underlying Premise of Refugee Law," *Harvard International Law Journal,* 31(1), 1990, pp. 129-183; Guiraudon & Lahav, *op. cit.*

33　この点に関し、特に以下の 4 点が問題点として繰り返し指摘された。第 1 に、一時庇護のための上陸許可の運用に関し、入国審査官に巨大な裁量権を付した 18 条 2 項である。政府は、難民に領域的庇護を与える義務が存在しないことをその根拠とした。第 2 に、入国後 60 日以内の難民申請を義務づける、いわゆる「60 日ルール」である。政府は、不法に滞在する難民に刑罰を科してはならないとする難民条約 31 条 1 項の、「遅滞なく当局に出頭することを条件とする」という記述を根拠とした。第 3 に、入管が難民申請及び異議申出の両方の審査をするという手続きが問題となった。難民条約に手続きに関する規定がないため、政府は行政不服審査法をそのまま適用したのである。第 4 に、非合法的に滞在している難民申請者の地位が安定せず、退去強制手続きの対象にもなってしまう点である。政府は、先の難民条約 31 条が、難民認定を受けた者にのみ適用されると解釈した。

34　阿部浩己『人権の国際化』現代人文社、1998 年。

35　法務省総合研究所の研修教材の中には、あからさまに外交関係の考慮を認めた記述があった。日本弁護士連合会「難民認

定手続き等の改善に向けての意見書」2002 年 11 月 12 日。

36 渡辺彰悟「難民認定手続き」東京弁護士会外国人の権利に関する委員会編『実務家のための入管法入門〔改訂第 2 版〕』現代人文社、2009 年。

37 在特の明確な要件は、2006 年 10 月にようやく公表された。

38 「入管が在留取引打診、裁判取り下げ条件」『毎日新聞』2011 年 1 月 20 日。

39 例えば Amnesty International, *Japan: Inadequate protection for refugees and asylum-seekers,* AI Index: ASA 22/01/93, 1993; Amnesty International, *Japan: Welcome to Japan?,* AI Index: ASA 22/002/2002, 2002.

40 Yamagami, S., "Determination of Refugee Status in Japan," *International Journal of Refugee Law,* 7(1), 1995, pp. 60-83.

41 中尾巧入国管理局長の発言、第 153 回国会衆議院法務委員会 12 号、2001 年 11 月 21 日。

42 Morita, K. & Sassen, S., "The New Illegal Immigration in Japan," *International Migration Review,* 28(1), 1994, pp. 153-163.

43 中尾巧入国管理局長の発言、第 154 回国会参議院法務委員会 2 号、2002 年 3 月 19 日。

44 Flowers, P., "Failure to Protect Refugees? Domestic Institutions, International Organizations, and Civil Society in Japan," *Journal of Japanese Studies,* 34(2), 2008, pp. 333-361.

45 石川えり「難民政策の推移――NGO から見た 10 年間」『移民政策研究』創刊号、2009 年。

46 この実務は、入管との関係改善を重視するという UNHCR の方針に伴い、2004 年に原則として停止された。

47 野沢太三法相の発言、第 159 回国会参議院法務委員会 9 号、2004 年 4 月 8 日。

48 児玉晃一『難民判例集』現代人文社、2004 年。

49 この点については、本間浩『国際難民法の理論とその国内的適用』現代人文社、2005 年が詳しい。

50 2010 年において、仮滞在許可を受けた難民申請者は、判断対象者 558 人中僅か 65 人（11.6%）であった。入国管理局「平成 22 年における難民認定者数等について」2011 年 2 月 25 日。

51 「衆議院議員山内康一君提出難民認定申請者の収容に関する質問に対する答弁書」答弁第 67 号、内閣衆質 173 第 67 号、2009 年 11 月 20 日。

52 逢沢一郎外務副大臣の発言、第 162 回国会衆議院予算委員会第三分科会 1 号、2005 年 2 月 25 日。

53 三浦正晴法務省入局管理局長の発言、第 162 回国会衆議院予算委員会第三分科会 1 号、2005 年 2 月 25 日。

54 難民支援緊急キャンペーン実行委員会「難民支援緊急キャンペーン最終報告」2009 年 11 月 20 日。

55 例えば中曽根弘文外相の発言、第 171 回衆議院外務委員会 15 号、2009 年 6 月 12 日。

56 Troeller, G., "UNHCR Resettlement: Evolution and Future Direction," *International Journal of Refugee Law,* 14(1), 2002, pp. 85-95.

57 Labman, S., "Resettlement's Renaissance: A Cautionary Advocacy," *Refuge,* 24(2), 2007.

58 滝澤三郎の発言、2011 年 5 月 27 日。

59 滝澤三郎の発言、2011 年 5 月 27 日。

60 滝澤三郎「難民受け入れ――日本はアジアの範示せ」『朝日新聞』2007 年 2 月 7 日。

61 Takizawa, S., "Refugees and Human Security: A Research Note on the Japanese Refugee Policy,"『東洋英和大学院紀要』7 号、2011。

62 *ibid.,* p. 31.

63 UNHCR「UNHCR、日本の第三国定住に関する新たな勉強会を歓迎」2007 年 12 月 4 日。

64 明石純一、小川直樹「動き出す移民政策」『エコノミスト』86 巻 34 号、2008 年。

65 前掲書。

66 小川直樹「多民族共生国家ニッポンへの道筋」『エコノミスト』86 巻 34 号、2008 年。

67 Miura, J. & Masutomi, S., "Third Country Resettlement Programme in Japan," *CDR Quarterly,* 2, 2011.

68 鳩山邦夫法相の発言、第 169 回国会衆議院予算委員会第三分科会 1 号、2008 年 2 月 27 日及び、第 169 回国会参議院法務委員会 6 号、2008 年 4 月 8 日。

69 UNHCR, *Resettlement Handbook,* 2004, p.1/3.

70 Miura & Masutomi, *op. cit.*

71 森英介法相の発言、第 171 回国会衆議院法務委員会 23 号、2009 年 6 月 19 日。
72 竹田いさみは、難民問題を「法的化(legalize)」させ、「政治化(politicize)」させないことによって政府は国境を閉ざしてきたとしている。しかしながら、政府は常に政治的利益を優先し、時には司法の決定を無視することもあったことを考慮すると、難民問題を「行政手続きの中に閉じ込めた」と表現する方がより正確であろう。Takeda, *op. cit.*
73 例えば、Labman, *op. cit.*
74 鳩山邦夫法相は、難民認定の結果が出るまでに 2 年間もかかっているという批判への返答として、第三国定住制度導入の検討に触れた(第 169 回国会衆議院予算委員会第三分科会 1 号、2008 年 2 月 27 日)。
75 最近では Dean & Nagashima が、日本は負担分担(Burden Sharing)ではなく、負担転嫁(Burden Shifting)をしているとして批判している。Dean, M. & Nagashima, M., "Sharing the Burden: The Role of Government and NGOs in Protecting and Providing for Asylum Seekers and Refugees in Japan," *Journal of Refugee Studies,* 20(3), 2007, pp. 481-508.

特集　第三国定住

報告
第三国定住の概要と課題

入山由紀子　UNHCR 上級職員（第三国定住）

--- key words ---

国連難民高等弁務官事務所、第三国定住、統合／UNHCR, Resettlement, Integration

「第三国定住は私達にとってかけがえのないものです。私達の人生は生まれ故郷を追われ、次なる我が家と呼べる場所に辿り着けるまで故郷を探し求める旅路のようなもの。いつかは、ある国の国民となり安住の地を得る日が来ることを願っています。子供たちにも十分な教育や施設を享受できる機会を与えてあげたい。私達を受け入れてくれる新しい地では、自分達の経験や知識を生かして貢献したいのです」（ブータン難民のアマル・シンハ・スバ氏。UNHCR[1] の援助によりネパールのサニスチャレ難民キャンプからオランダへの第三国定住出発に際して）

1. はじめに

　第三国定住とは難民が庇護を求めた第一次庇護国から、永住資格を有する難民として受け入れることを了承した第三国への選考を含む移動の過程を指す。第三国定住そのものは方法こそ異なれ、難民の国際保護の枠組みが出来上がると同時に行われていたが、その概念が定義されたのは 1960 年代半ばになってからである。第三国定住は 2 つの世界大戦の間に起こった数々の難民問題の主要な、もしくは部分的な解決策として機能した。一連の第三国定住の中でも最も大規模で劇的な事例は 1970 年代末から 80 年代に起こった約 70 万人のベトナム難民の第三国定住である。第三国定住に関する方針や実施方法は時代を経て大きな変化を遂げてきた。1990 年代には、個々人の難民の保護を確保する手段としての第三国定住の役割に焦点が当てられるようになった。ごく最近では、国際社会による第三国定住の戦略的可能性に対する再認識に伴い、UNHCR はより広範な国際保護の枠組みの中での第三国定住の役割を位置づけ、重要な保護かつ恒久的解決機能、そして国際的責任分担機能を果たすものと再確認した。UNHCR が支援を行う第三国定住プログラムの規模と範囲の発展によって、新しい機会が創出されるとともに、そ

れに伴う課題が浮上してきた。

　以下では、まず第三国定住の概要と近年の傾向を解説し、次に第三国定住の従事者に差し迫る課題を提示し、その克服策を探っていく。第三国定住国への仲間入りを果たした日本の第三国定住試験的プログラムの展望についても触れておきたい。

2. 第三国定住の世界的規模

　UNHCRは難民の国際保護と恒久的解決を委任されている[2]。第三国定住は自主的帰還と庇護先での定住化と並んでUNHCRが追求する3通りの恒久的解決策の1つである。統計的には、UNHCRが支援する1,040万人の難民のうち、第三国定住の恩恵を受けることができるのはそのわずか1％程度の難民だけである。過去10年間で960万人の難民が自主帰還を果たしたのに比べ、第三国定住をしたのは81万人余りである[3]。しかしながら、近年の第三国定住の恒久的解決策としての活用化は、難民の自主帰還の数の減少[4]のおりに加え、第三国定住が長期化した難民状況[5]の解決の糸口となり、難民保護の領域を広げ、他の解決策を探る際に重要な役割を担いうるという可能性が着目されたためとも言える。

3. 第三国定住に貢献している国々

　第三国定住プログラム（以下、「プログラム」と略称）を年次に実施し、そのプログラムにUNHCRからの申請書類受入枠を設けている国は今現在、全世界で25カ国[6]にのぼる。過去5年間に11もの国がプログラムを設立したことは特筆すべき進展である。こうした新しい第三国定住受入国（以下、「受入国」と略称）の過半数はヨーロッパ圏にあるが（ブルガリア[7]、チェコ共和国、フランス、ハンガリー[8]、ポルトガル、ルーマニア、スペイン）、南アメリカ圏（チリ、パラグアイ、ウルグアイ）そしてアジア圏（日本[9]）にもある。これら25の受入国の他、プログラムを正規に設立はしないものの、UNHCRからの申請を限られた数ながら受け入れ、国際的責任分担に貢献している国々[10]もある。

　このような受入国の拡大は、難民の第一次庇護国に対する工業国の責任分担を地域的、国家的単位で押し進める確固たる意思が功を奏した（EU、メキシコ行動計画など）。統計[11]によると、世界中の難民の実に80％は途上国に庇護を求めている。中でもパキスタンは自国の経済規模に比して最も多い難民を受け入れており、国民1人当たり国内総生産1米ドル[12]（購買力平価）あたり745人の難民をかかえている計算になる。そのパキスタンを筆頭に、コンゴ民主共和国（同592人の難民）、ジンバブエ（同527人）、シリアアラブ共和国（同244人）、ケニア（同237人）が後続する。先進国の中ではドイツ（同17人）がようやく26位に顔を出す。

　現在、UNHCRからの申請提出枠は受入国25カ国合わせても約8万人が上限である。いわ

ゆる「ビッグスリー」と称されるアメリカ、オーストラリア、カナダは合わせて全受入数の92％を担っているが、アメリカはその中でもひときわ高い（全体の80％）受入枠を提供している。前述のように、新しい受入国が増えたのは望ましい進展ながら、全体の受入数自体は微増にとどまる。その理由として、新しくプログラムを設立した国の中には、まだその実施に漕ぎ着けていない国があること、また、以前からプログラムを実施している国々の年次受入数に顕著な増加が見られないこと、が挙げられる。更に、受入国の過半数（15カ国）がヨーロッパにあるにもかかわらず、その総受入数は相対的に低く、全体の8％に過ぎない。

4. UNHCRの支援する難民の第三国定住申請手続及び第三国への出発

　UNHCRは第三国定住を必要とする難民の特定と申請手続の処理能力の向上に努めてきた。UNHCRが申請手続を行った難民の数は2005年の4万6千人から2009年の12万8千人[13]と過去5年間で倍増した。第三国へ出発した難民の数も2009年に8万4千人と、2005年（3万8千人）に比べ倍増した。2009年度の申請手続は、94の庇護国にいる77の国からの難民のために24の受入国に対して行われた。

　しかし、過去5年間に見られた右肩上がりの申請件数と出発件数の増加は、2009年を境に留まった。UNHCRの2010年の申請件数は10万8千人[14]となり、前年比16％減となった。また、第三国へ出発した難民の数は7万3千人[15]と前年比14％減となった。

　申請件数の傾向の変遷は予期されていたものであった。というのも、過去2年間にわたる（2008年、2009年）UNHCRの申請提出のペースは受入国の処理能力をはるかに超え、未処理案件が蓄積していく事態に陥った受入国もあったからである。2010年のUNHCRの申請提出件数（11万人規模）は、全受入数の増加が見られない現時点では第三国定住の過程を滞りなく進めるために妥当で無理のない範囲であると考えられる。

5. 第三国定住を必要とする難民の推定数

　UNHCRは約80万5千人の難民が第三国定住を必要とするだろうと予測している。この推定数は数カ年単位での第三国定住計画も含む。2011年度に限れば、17万2千人[16]余りの難民が第三国定住を必要とするとUNHCRは予測している。この数値は2011年に第三国定住が必要となる難民の46％が受入先を見つけられるに過ぎず、残りの9万人にものぼる脆弱な難民が何らの恒久的解決策もなく取り残される計算となる。UNHCRは関係諸国に対して第三国定住を必要とする難民の数と実際の受入数との大きな差異に注意を喚起してきた。

　UNHCRの戦略的優先課題の一つに、2010／2011年に受入数の10％増加（緊急、至急受入

も含む)を達成することがある[17]。現枠組みにおいての10%は8千人の受入数増を意味する。プログラムの設立を発表し実施に移した新しい受入国に加え、カナダが2011年度の政府援助第三国定住難民受入枠を7千5百人から8千人に5百人増やした。しかしながら、他の受入国が受入数を増やし、新しくプログラムを発表した国が実施を始めない限り、10%増の目標は達成できない。

第三国定住の需要と供給力の差異という課題は受入国のみが直面している問題ではなく、第三国定住の需要とUNHCRの処理能力との間にも大きな隔たりがある。第三国定住は多くの労力が必要とされる複雑な処理過程である。高等弁務官の難民保護強化策の一環として、UNHCRは第三国定住担当職を補強したとはいえ、その数は限られており、UNHCR-ICMC[18]第三国定住提携職員派遣制度[19]を通じてアフリカや中近東のUNHCR事務所に派遣される提携職員に頼らざるを得ない。このような提携職員なくしては、UNHCRの処理能力は2011年に第三国定住が必要となる難民の半数にも満たない。

6. 第三国定住の需要と受入国及びUNHCRの供給力の差異を克服するための方策

このような第三国定住の需要と供給力の差異を克服するために、UNHCRとしては引き続き、より多くの国がプログラムを設立するか、もしくはプログラムを正式に設立せずとも、UNHCRの申請提出を受け入れることを奨励する。他方、既存の受入国にはUNHCRが推薦する難民の受入数を増加するよう、より一層働きかけていく。

また、第三国定住の需要とその供給力との著しい差異を踏まえて、第三国定住を必要とし、資格のある難民の中でも最も脆弱な難民が稀少なプログラムの恩恵を受け、また、受入枠が最大限に活用されるよう、受入国及びUNHCRは一致団結して臨んでいる。

第三国定住は、難民、受入国、NGO、国際機関及び政府間機構、UNHCRを含む主要な関係者間の密接な提携と協力の上に成り立っている。第三国定住に関する年次三者協議会（ATCR）及び作業部会（WGR）は幾多の重要な政策と運用上の問題の主な討議の場である。年次三者協議会は、毎年6月もしくは7月に開催され、全ての関係者が参加する。一方、作業部会は、通常、春と秋に年2回開催され、主にUNHCRと受入国との協議の場であるため、少数のNGOのみが参加する。これらの会議は、議長国が持ち回りで主導し、議長国のNGOもその過程を支援する。2010-2011年度は、アメリカが議長国となっており、第三国定住機能の強化を主題としている。第三国定住機能の強化とは量的及び質的な側面を伴い、プログラムへのアクセスと機能の向上、受入数と申請提出数の増加、迅速な定住過程を確実にすること、及び第三国定住した難民の効果的な定住を確保することを目指している。

7. 2011年におけるUNHCRの取り組み

　2011年は1951年の難民の地位に関する条約の60周年記念（2011年7月28日）、1961年の無国籍者の削減に関する条約の50周年記念（2011年8月30日）、そして初代の国際連盟難民高等弁務官フリチョフ・ナンセンの生誕150周年記念（2011年10月11日）が重なり、UNHCRにとって記念すべき年となっている。UNHCRの一連の記念行事の目的は3つある。まず、既存の難民保護体制を強化し、難民保護の欠如を補う革新的な方策を模索するなど新しい保護のかたちを促進すること。次に、新しい締約国の増加といった、無国籍者の削減に関する条約へのより一層の支援を確保し、無国籍者に関する問題点に対処するより効果的な方法を見出すこと。最後に、難民保護領域の拡大を図るコミュニケーション戦略を通して、強制的に避難せざるを得ない人々と無国籍者への世論の意識を高め連帯を構築していくこと、である。第三国定住に関しては、既存の受入国ならば受入数を増加することや、プログラムを確立していない国々ならばプログラムを確立する、もしくはUNHCRの申請提出受理を検討することなどへの公約が望まれる。

8. より効果的な第三国定住の管理を目指して

　第三国定住を必要とする難民の特定を強化する取り組みの一環として、UNHCRは参加型評価方法[20]の積極的な活用に加え、危険度識別ツール（HRIT[21]）など危険度の高い難民を識別する手段を向上し、UNHCRの難民登録データベースである「プログレス」の使用を拡大するなど工夫を重ねている。第三国定住を必要とする難民の効果的かつ体系的な識別システムを構築する上で、NGOとの連携が極めて重要であることは言うまでもない。

　第三国定住活動が世界規模で拡大していくに伴い、UNHCRは活動の規範を確保し、不正[22]発生のリスクを軽減する必要性を認識している。UNHCRの不正防止計画は、第三国定住の不正に関する専門家グループの設立だけでなく、万一難民が第三国定住の不正行為を行った場合に対処する政策と手続き上の指針[23]の開発へとつながった。この指針は難民の保護の必要性と不正行為の深刻さを慎重に勘案する方策を論じている。不正防止の構造は、大半のUNHCRの活動に組み込まれている。第三国定住の不正に焦点をあてた定期的な訓練に加えて、不正防止は、UNHCRの職員とNGO関係者等の第三国定住に関する訓練の必須項目となっている。

　第三国定住プログラムの規範を確保することは、UNHCR、受入国、そして他の関係者との共同責任であるとの認識から、第三国定住の不正に関する専門家グループが2007年に設立された。専門家グループは、不正の類型や傾向だけでなく、不正行為をより効果的に検出、対処、防止するためのツール、技術や手法の開発を通して、第三国定住の過程を強化する取り組みについての情報を共有する場でもある。第三国定住の不正に関する第4回専門家会議は、2010年9月に行われ、難民の第三国定住システムの規範と安全強化のためのツールとしてのバイオメトリク

スに焦点を当てた。UNHCRは、保護や活動への相乗効果が得られないと予想される場合を除き、難民の身元確認を万全にするため、難民の登録と確認の過程にバイオメトリクスを段階的に実施、活用する政策[24]を導入した。

　他にも、UNHCRは処理能力を強化するために、職員（提携職員を含む）に定期的な訓練や政策の指導を行っている。第三国定住学習プログラム（RLP[25]）が開発され、2009年から2010年にかけて、アフリカの角、東部、大湖地方（第1回RLP）、更に中東および北アフリカ、東欧、中央／南西アジア（第2回RLP）のUNHCR事務所職員を対象として実施された。第三国定住学習プログラムの通信教育部分は、外部の関係者を含む幅広い層が利用できるようにするためのウェブ学習への移行に着手している。

　UNHCRはまた、2011年7月に第三国定住ハンドブック[26]（以下、「ハンドブック」と略称）の改訂版を発行した。ハンドブックは、UNHCRの第三国定住活動の管理と政策指針の基礎となるものであり、受入国及びNGOの重要な参考文献でもある。2004年11月に出版されたUNHCRのハンドブック以降、第三国定住の政策と実践には新たな方法論やツールの開発を含め、幾多の重要な発展が見られ、第三国定住に関する遂行能力、組織的な効率化の向上、管理と説明責任の強化が行われてきた。2011年のハンドブックの改訂により、UNHCRは受入国から難民に至る第三国定住に関わる全ての関係者への恩恵が期待されている。それは第三国定住の管理と規範の強化、第三国定住活動の一貫性、質と効率化の確保といった効果である。改訂版ハンドブックは、包括的かつ柔軟で使い勝手の良い電子版に加え、利用者のニーズを踏まえた印刷版も用意する。

9. 一時避難施設（ETF）の運用化

　近年、第三国定住の革新的な運用の一例として、緊急に保護を必要とする難民が、第三国定住の手続き中に一時避難施設（ETF）に避難することが可能になった。そもそも一時避難の概念は、緊急保護を提供してきたUNHCRの過去の経験[27]に基づくものである。ETFを提供する国に難民を避難させることによって、UNHCRはルフールマンやその他の深刻な保護の脅威に晒されることなく、いわゆる「普通の」条件の下で第三国定住のための手続きをすることが可能になる。ETFに避難を必要とする難民には、例えばルフールマン、もしくは他の深刻で命にかかわる状況にある難民、長期間にわたって拘禁されており、第三国定住を通じてのみ釈放の見込みのある難民[28]、危険度の高い特殊な事情を持つ難民、受入国およびUNHCRが最終的な第三国定住先を庇護国に開示するべきでないと判断した難民、国際刑事裁判所（ICC）もしくは他の国際法廷が対象とする事件の生存者や証人である難民などが挙げられる。

　現在、このような避難施設は3カ所ある。ルーマニア[29]（ティミシュアラ）の一時避難センター（ETC）、フィリピン[30]（マニラ）の一時避難メカニズム（ETM）、そしてスロバキア[31]（フメネ）の一時避難センター（ETC）である。これらの施設のモデルは異なり、ルーマニアとスロバキア

の施設（ETC）に避難した難民は子供向け、娯楽、医療などの支援体制が整った施設に滞在するのに対し、フィリピン（ETM）に避難した難民は、監視体制が整った中で、ホテルなどの宿泊施設で生活する方式となっている。

　ETFの運用開始以来、1,000人以上の難民がETFへの移動支援を受け、800人余りが受入国に出発した [32]。受入国による一時避難施設経由の手続きは経験を積むにつれ漸進的に改善されてきた。しかしながら、複雑な許可手続き、ロジスティックスの調整及び要件、渡航書類を確保する困難さのために、避難の申請から避難施設提供国が申請を受諾し、実際に難民がETFに移動するまでの平均時間は当初予想されたものより長くかかった。UNHCRは、一時避難した難民が最終的に受入国に出発できないというリスクを軽減するために、ETFへの一時避難の対象となる難民の案件を慎重に評価決定している。UNHCRはこの点において時として難しい選択を迫られ、原則的には受入国より暫時決定が出ている場合、もしくは受け入れを肯定的に考慮することが保証されている難民に限ってETFへの一時避難を行っている。

　UNHCRは、緊急プログラム [33] を持っていない受入国には、ETFからUNHCRの申請提出を検討することを奨励している。UNHCRは、主として緊急および至急の場合にETFを活用し続ける予定であるが、場合によっては、受入国がアクセスできない場所に住んでいる難民の第三国定住手続きのために一時避難施設を利用することもある。さらに、ルーマニア（ティミシュアラ）の一時避難センター（ETC）にビデオ会議設備が導入され、ビデオ会議通話によって受入国が一時避難してきた難民との面接を実施できるようになる。

10. 第三国定住の戦略的活用の促進

　「我々は、第三国定住をより実質的、効果的かつ戦略的に活用する必要があります。第三国定住は難民の国際保護の非常に重要な手段であるだけでなく、それ自体解決策であり、さらには他の解決策を推し進める媒介ともなるのです」（アントニオ・グテーレス国連難民高等弁務官。2010年の国際保護の課題と対策に関する対話の閉会の辞、2010年12月9日ジュネーブにて）

　関係諸国、難民と市民社会の積極的な関与によって、第三国定住は国際的な責任分担の可能性を生み、他の措置とともに、長期化する難民の状況を打開する手がかりになることもある [34]。戦略的に活用すれば、第三国定住は通常知られている直接の効果をはるかに超える恩恵をもたらすことができる。第三国定住の戦略的活用は次のように定義されている。「第三国定住を計画的に活用することによって、第三国定住した難民が受ける恩恵以外の直接もしくは間接的な恩恵を最大限に引き出すこと。これらの恩恵は他の難民、庇護国、他の国々、さらには国際的な保護体制全般に生ずる」[35]。

　「保護のためのアジェンダ」は、第三国定住の機会を拡大し、第三国定住をより戦略的に活用して、より多くの難民の保護と恒久的解決策を実現する必要性を確認した。短期、中期、または長期に

わたる保護の恩恵は、庇護国、受入国、さらに地域的にも生ずる[36]。

2009年には、作業部会（WGR）の議長国であったスウェーデンはUNHCRとともに、アフリカ、アジア、ヨーロッパ、中東および北アフリカ地域の7つの特定の難民の状況で第三国定住の戦略的活用を強化する発議をした。これらの難民状況における戦略的な保護の恩恵を特定し、その実現に向けた具体的な手順や作業方法の展開を目指して議論が繰り広げられた。

これらのひとつにシリア、ヨルダン、レバノンのイラク難民及び（イラクから流出した）パレスチナ難民の例がある。2010年にはイラク難民の第三国定住の書類提出が2007年以来10万人を超えた。シリアとイラクの国境にある細長く狭い無人地帯にある仮設キャンプであるアル・タンフ難民キャンプはイラクでの迫害から逃れたパレスチナ難民を受け入れる国がなかったために2006年5月に仮設された。難民は極端な温度、砂嵐、洪水、火災の危険に加え医療サービスへの困難なアクセスといった過酷な砂漠の条件に直面しなければならなかった。シリア当局と受入国が一体となって取り組んだ結果、1,000人以上のパレスチナ難民が、一時避難施設（ETF）の使用などを通じて第三国へ定住し[37]、アル・タンフ難民キャンプは2010年2月に閉鎖された。

ネパールのブータン難民の第三国定住は長期化した難民状況を打破するために国際的な責任分担と結束が速やかに行われた別の例である。2010年は、ネパールでの第三国定住プログラムの開始以来、4万人のブータン難民が出発した記念すべき年となった。電気や水道のないキャンプで12年近くを過ごした後、ブータン難民は全く勝手の異なる第三国に適応するため、驚くべき忍耐、順応性と闘志を示した[38]。第三国定住は、難民には庇護国での働く権利のない状態から脱し社会に貢献する機会を与え、受入国には、ほぼ一世代にわたって難民を受け入れてきたネパール政府を支援する正当な誇りを与え、UNHCRには難民キャンプの根深い保護問題に取り組む機会を与え、ネパール政府には難民関連の大きな負担——7つの難民キャンプの地元の設備、環境に与える影響——の軽減という結果を与えた。ネパールの例によって、国際社会は、難民の状況は難題ながらも解決策を見出すことができるという強力なメッセージを送っている。

保護の恩恵は主に庇護国で見られるが、受入国でも見られる。新興の受入国では、第三国定住した難民の統合プログラムを開発することは従来の難民と庇護希望者にも利用可能なサービスの範囲と質を拡大する機会となる。第三国定住はまた、難民の存在や統合を通じて、共同体内の文化や社会経済的多様性を豊かにし、共同体間の連携を強める。第三国定住は、外国人への嫌悪を軽減し、難民とその窮状を理解し彼らに恩恵を与えている政府のプログラムへの好意的な姿勢を育むことに貢献することができる。しかしながら、第三国定住プログラムの肯定的な印象が、国の既存の難民庇護プログラムの重要性を減少させるものであってはならない。第三国定住は国家庇護制度の下での保護を補完するものであって、取って代わるものではない。

11. 第三国定住先での統合

第三国定住は、難民が受入国に到着した時点で終了するものではない。新しい社会への到着は、

真に恒久的な解決策への出発点である。第三国定住は新しい社会に受け入れられ、統合していく過程を含む。

UNHCRの「保護のためのアジェンダ」は、第三国定住が到着後の積極的な統合政策と並行して実行されるよう各国に呼びかけている。語学研修、教育、職業訓練、就職、家族の再会のための支援——これらを含めた多くの活動が統合の礎である。第三国定住は、難民保護の一環であり、各国による責任分担の具体的なしるしであるが、難民もまた、彼らの新しい社会に重要な貢献をする役を担っているということに疑いの余地はない[39]。

効果的な第三国定住の尺度は、第三国定住が必要な難民が実際に定住した数だけではなく、彼らが新しい社会にどのように迎えられ、社会の一員になる過程でどのように支援されているかということからも測られる。受入国はルフールマンに対する保護を確保し、第三国定住した難民とその家族に自国人と同等の権利を提供する必要がある。受入国はまた、難民がいずれ帰化することを許可すべきである[40]。これらの権利は第三国定住が恒久的であるために必須であるが、統合は、法的、社会経済的、文化的側面と関連した、相互的、漸次的、多面的な過程である[41]。難民が長期的な経済的安定と新しい社会への順応を達成することを確実にするために受入国と市民社会が必要な措置を取る必要があり、また、新しい共同体への帰属意識と参加を助長する必要がある。

近年のATCRとWGRでは、第三国定住の選択基準として難民の統合可能性の有無を問う少数の受入国の視点を含めた幾多の統合の課題を議論してきた。UNHCRは、統合は過程であり選択基準ではないと主張し、第三国定住の基盤となる保護原則を弱体化させる差別的な選択基準（統合の可能性、家族構成、年齢、健康状態、民族、宗教、国籍など）を見直し削除するよう受入国に求めている。

カナダの長期的移民データベース（IMDB[42]）が実施した分析によると、政府支援難民（GAR）としてカナダに第三国定住した難民の経済的成果は、2002年の移民及び難民の保護に関する法律（IRPA）の実施以降、特に大幅な変動はない。2002年の移民及び難民の保護に関する法律（IRPA）は以前の移民法で定められていた全ての移民（難民を含む）の選択は、申請者が「カナダで成功裡に生活を確立することができる可能性」が高いことを示す「教育、訓練、技術やその他の特別な資格」に基づいて行うべきであるという要件を削除したものである。

カナダに到着した政府支援難民の経済的成果がIRPAの導入の前後で大幅に変化していないという事実は、統合の可能性の有無に基づいて難民を選択することは必ずしもより良い第三国定住の結果につながらないということを示唆している。カナダは統合の最も重要な要因は、難民の定住前の「統合の可能性」ではなく、受入国に到着後、提供される支援の質によるということを見出した。アメリカ、スウェーデンなどの他の受入国も、選択の基準は難民の教育水準の高低や言語能力ではなく、難民の庇護国での脆弱性と保護の必要性であると強調している。

12. 第三国定住結果の測定

統合は、長期的な過程であり、効果的に統合の度合いを測定することは容易なことではない。何を、どのような基準で、どのように測定するかについては様々な選択肢がある。特定の指標の内容があいまいだったり、定義が困難であったりする場合もある。多様な規定、監視機構、経済及びその他の動向、特定の個々の事情がある場合はまた異なった統合結果につながることがある。また、難民が受入社会の社会経済的側面にアクセスする際に直面する障壁を捉える統合指標を特定するのも難しい。

UNHCRは、第三国定住の成果を量的、質的に測定するためのツールの開発に着手するようWGRで受入国に提案している[43]。これらの統合指標には、言語支援、研修、安全で購入しやすい住宅へのアクセス、就職と訓練、難民を快く受け入れる社会、定住の全体的な感想が含まれる。各国は、第三国定住の成果について何らかの測定基準を持っているが、いくつかの共通の指標があれば一貫性のあるプログラム評価が可能になる。また、第三国定住の成果について共通の理解を持つことによって、共通の統合の課題を特定し、成功事例を共有することができる。

統合は、既存の受入国にとっても、新興の受入国にとっても課題が多く、特に分析や成功事例の情報交換によって依然進捗が可能な分野である。

13. 日本の第三国定住の試験的プログラム

日本は、タイから2010年9月より年間30人のミャンマー難民の第三国定住を受け入れるという3年間の試験的プログラムを発表した（2008年12月の閣議決定）。この決定は重要な展開で、日本は第三国定住プログラムを（試験的に）確立したアジアで初の国となった。最初のグループの27人の難民が2010年9月に日本に到着し、次の30人の受入準備が進められている。第三国定住をした最初の難民のグループの日本での経験がタイにいる難民に伝わり、日本への第三国定住へ更なる関心が増加することが期待される。

日本での試験的プログラムの実施は、国際的な責任分担への日本の明白な貢献である。すでに触れたように、第三国定住は長期にわたり、かつ課題の多い過程である。受入国は既存、新興を問わず第三国定住した難民の統合を強化し、第三国定住の成果を測定するより効果的な方法を模索している。日本は数々の独自な強みを持っているが、そのうちのひとつは他国の知識と成功事例を吸収し、日本の状況に適応させることのできる柔軟性であり、第三国定住にも適用できる。ATCRやWGRといった様々な協議の場、情報交換を通じて、日本は統合プログラムを確立し、さらに発展させていくことだろう。どの国にも適応する唯一の統合プログラムというものは存在せず、各国独自の統合プログラムがある。現時点では、一時避難施設を提供するフィリピンを除いては、日本はアジア諸国の中で第三国定住プログラムを試験的ながらも提供する唯一の国であ

る。日本が他のアジア諸国が受入国となる牽引役を果たし、アジアを中心とした将来の受入国にその独自の経験を伝授していくなど重要な役割を果たすことが期待されている。

温かく難民を迎える社会の存在は第三国定住してきた難民の統合の成功の前提条件である。難民を受け入れる社会が政府と手を取り合い、模範的な国際貢献を行うことが望まれる。何人もの難民にとって、日本は唯一の安全な「故郷」と呼べる場所であることを胸に刻みたい。

※ この論文は、必ずしも UNHCR の見解を反映したものではない。

1 Office of the United Nations High Commissioner for Refugees、国連難民高等弁務官事務所。
2 UNHCR Statute、国連難民高等弁務官事務所規則。
3 UNHCR, *2009 Global Trends,* June 2010.
4 2009 年における自主帰還数は 1990 年の 139,000 人に次ぎ低く、251,500 人に留まった。
5 UNHCR は 25,000 人以上の同国籍の難民が 5 年以上庇護国に滞在する状態を指して長期化した難民状況と定義する。2009 年末には 550 万人もの難民が長期化した難民状況にあると推測されている。これらの難民は 21 の庇護国で 25 の長期化した難民状況の中で暮らしている。
6 （アルファベット順）アルゼンチン、オーストラリア、ブラジル、ブルガリア、カナダ、チリ、チェコ共和国、デンマーク、フィンランド、フランス、ハンガリー、アイスランド、アイルランド、日本、オランダ、ニュージーランド、ノルウェー、パラグアイ、ポルトガル、ルーマニア、スペイン、スウェーデン、イギリス、ウルグアイ、アメリカ合衆国。
7 2011 年以降実施予定。
8 同上。
9 試験的プログラム。
10 （アルファベット順）ベルギー、ドイツ、イタリア、ルクセンブルグ、スイスなど。
11 UNHCR, *op.cit.*
12 国内総生産（購買力平価）の出所：International Monetary Fund, *World Economic Outlook Database,* October 2009.
13 過去 16 年間で最高値。
14 以下の 3 国籍の難民が 2010 年に UNHCR が支援した第三国定住の 66％を占めた。イラク (26,700 人)、ミャンマー (24,400 人)、ブータン (20,600 人)。
15 UNHCR の支援のもと、第三国定住への出発はネパールからが最も多く (14,800 人)、次いでタイ (11,400 人)、マレーシア (8,000 人) が続いた。
16 UNHCR, *Projected Global Resettlement Needs 2011.* 2010 年 7 月 6 〜 8 日に開催された第 16 回第三国定住に関する年次三者協議会にて報告。
17 UNHCR, *Global Strategic Priorities 2010-2011,* 21 August 2009, GSP 6.3.
18 ICMC : International Catholic Migration Commission.
19 UNHCR はこのような派遣制度を多角化し、2011 年には International Rescue Committee (IRC) と Mapendo とも小規模ながら提携している。
20 UNHCR, *UNHCR Tool for Participatory Assessment in Operations,* May 2006.
21 HRIT は 2008 年 6 月に導入され、UNHCR の広範囲の活動地域で利用されている。2009 年末にナイロビでアフリカ諸国の 20 の NGO を対象に HRIT の実効性を都市難民の中でも実証した。UNHCR は改良を加えた HRIT 改訂版を 2010 年に発行した。
22 この場合の不正とは、意図的に真実や証拠を隠蔽または誤って伝えることにより、限りある第三国定住の可能性を獲得する行為を指す。第三国定住はその多大な恩恵のために、こういった不正発生のリスクも高くなる。
23 UNHCR, *UNHCR Policy and Procedural Guidelines : Addressing Resettlement Fraud Perpetrated by Refugees,* May 2008.

24 UNHCR, *UNHCR Policy on biometrics in refugee registration and verification process,* December 2010.
25 UNHCR, *Resettlement Learning Programme,* revised in October 2010.
26 UNHCR, *Resettlement Handbook,* July 2011.
27 例えば、2005 年のキルギス共和国からのウズベキスタン難民の避難。
28 一般犯罪、法律違反によらない拘禁。
29 ルーマニア政府、国際移民機関（IOM）、UNHCR 間の三者協定は 2008 年 5 月 8 日に締結された。ルーマニアの一時避難施設は一時に最大で 200 人の難民を収容できる。
30 フィリピン政府、国際移民機関（IOM）、UNHCR 間の三者協定は 2009 年 8 月 27 日に締結された。一時避難施設の収容人数に上限は設定されていない。
31 スロバキア政府、国際移民機関（IOM）、UNHCR 間の三者協定は当初 2009 年 7 月 17 日に特定の難民集団の避難のために締結された。その後、同様の三者協定が 2010 年 12 月 22 日に難民の国籍を限定することなく締結された。スロバキアの一時避難施設は一時に最大で 100 人の難民を収容できる。
32 2010 年 12 月時点の統計。現在 9 カ国が ETF を利用している。
33 UNHCR の第三国申請提出には 3 段階の優先順位がある。①緊急申請は数日内に生命の安全に対する脅威から避難する必要に迫られている場合、②至急申請は深刻な病状や他の脆弱性により、申請から 6 週間以内に第三国定住する必要がある場合、③通常申請は差し迫った医療や安全の危険はなく至急の手続きを要しない場合、である。
34 UNHCR, *Executive Committee Conclusion 109*.
35 UNHCR, *2003 Standing Committee paper,* EC/53/SC/CRP.10/Add.1.
36 UNHCR, *UNHCR Position Paper on the Strategic Use of Resettlement,* June 2010 参照。
37 Al-Achi, D., "End of long ordeal for Palestinian refugees as desert camp closes," *UNHCR Media Article,* February 2010.
38 Jaquemet, S., UNHCR Representative in Nepal, "Resettling Refugees from Bhutan: At what cost and for what benefits ?," ATCR/WGR Newsletter 5, November 2010.
39 UNHCR, *Refugee Resettlement: An International Handbook to Guide Reception and Integration,* September 2002.
40 UNHCR, *Resettlement Handbook,* July 2011.
41 UNHCR, *Local Integration and Self-Reliance, 2 June 2005,* EC/55/SC/CRP.1.
42 Research and Evaluation Branch, Citizenship and Immigration Canada, *Economic outcomes of government-assisted refugees by country of birth*. この文献は 1993 年から 2006 年の GAR の経済的成果を分析している。
43 UNHCR, Discussion Paper, *Measuring resettlement outcomes by looking at integration indicators,* January 2009.

特集　第三国定住

報告

タイ・メラキャンプにおけるビルマ出身難民の現状と第三国定住制度に関する認識調査

松岡佳奈子　東京大学大学院総合文化研究科博士課程（東アジア・朝鮮半島政治外交）

― key words ―
第三国定住、メラキャンプ、ニューカマー／Resettlement, Mae La Camp, New Arrivals

1. 本調査の概要

本報告は、2011年2月6日から同月17日にかけて行った、タイ王国メラ難民キャンプ（4日間）及びその周辺部における、第三国定住に関する調査の概要とそれに関する考察をまとめたものである[1]。

(1) 訪問地

ターク（Tak）県メソト（Mae Sot）郡およびタソンヤン（Tha Song Yang）郡メラ（Mae La）難民キャンプ。

(2) 調査目的

日本政府が2010年度に第三国定住難民受入れのパイロットプログラムをスタートさせたことを受け、よりよい第三国定住事業のためのフィードバックを行うことを目的に、来日難民の送り出し元になっているメラキャンプの視察、キャンプ難民や支援団体職員へのインタビューを行い、キャンプの現状、第三国定住に関するキャンプ住民の認識を調査した。

報道等で明らかになっているとおり、ビルマ難民の第三国定住受入れをスタートさせた日本政

府がもっとも苦労しているのは、日本行きを希望するキャンプ住民がそれほど多くないということである。2年目の今年は、2月の面接審査の開始時点で、定員の30人をわずかに超える程度の応募しか来なかった[2]。3万人以上が住むキャンプでなぜこれほどまでに応募者が少ないのか。キャンプ住民らへのインタビューを通じて考察する。

2. メラキャンプの概要

タイ・ビルマ国境の町メソトから車で50分ほど走ると、南国の木々に囲まれた山間に突如、竹を組み立てた壁と乾燥させたユーカリの葉を重ねて作った屋根でできた、茶色い家々が4kmにわたって広がる[3]。そこがメラキャンプである。

(1) キャンプ人口

メラ難民キャンプは、ビルマ政府軍とカレン民族同盟 (Karen National Union: KNU) 間の対立により発生したビルマ難民が流入し、1984年に設置された。以降、今日に至るまで、タイ・ビルマ国境地域ではビルマ政府軍による襲撃や村全体の強制移住などが続いており、カレン族を中心としたビルマ難民が続々とタイ側へ避難している[4]。

設置当時のメラキャンプ人口は1,100人であったが[5]、2010年12月末現在、UNHCRの統計では、4地域9つのキャンプに98,644人の難民がおり、そのうちメラキャンプには30,287人の難民が居住している[6]。

しかし、この数字は主に、キャンプを管轄するタイ内務省 (Ministry of Interior: MOI) を通じてUNHCRへの登録を済ませた難民数であり[7]、new arrivalsと呼ばれる、2005年以降にキャンプに居住しはじめた新人住民（以下、「ニューカマー」とする）は含まれていない。2005年以降のニューカマーがUNHCRへの登録がなされていないのは、MOIが同年以降難民キャンプにおける登録業務をストップさせたためであるが、これについては後述する。

よりキャンプ人口の実態数に近いといわれているのは、キャンプなどにおいて食糧配布を行っているNGO団体であるTBBC (Thailand Burma Border Consortium) の統計である。TBBCは、キャンプ委員会やセクションリーダーと協力し、毎月セクションごとの新規入居者数を確認し、月に1度、そのようなニューカマーを集めて面接を行い、食糧配布者登録を行っている。TBBCの統計によれば、2010年末のメラキャンプの人口は45,692人であり、同時期のUNHCRの統計と約15,000人もの差がある。この差が、未登録住民、すなわち2005年以降キャンプに居住するようになった新人の数であると推測できる。その他、ビルマ内外から来る経済移民などもキャンプに一時、あるいは長期滞在するため、キャンプ住民の実際数はさらに多いと考えられる。

(2) 活動団体及び自治会

　キャンプ内及び周辺地域における活動主体は、国際NGOと、CBO（Community-Based Organization）と呼ばれる地域社会組織がある。四半世紀以上も存続するキャンプであるため、キャンプ内には多くのCBO（民族ごとの女性、青年団体など）が結成され、キャンプ住民を主体とした自治活動が多く行われ、かなりの程度機能している。キャンプを支援する国際NGOの多くも、キャンプの持続性と住民の自立性を高めるために、CBOの活動支援やスタッフのキャパシティビルディングを重視する傾向にある。

　キャンプは、住民の代表からなるキャンプ委員会によって管理されており、議長、副議長、書記官の他、食糧・配布委員会、水・衛生委員会、教育委員会、図書委員会などの諸委員会が置かれ、MOIの管轄下ながらもかなり主体的で自由な自治を行っている。キャンプ内は3つのブロック（A、B、C）とさらに細かいセクションに分けられている。各セクションにはセクションリーダーがいて、セクションリーダーはそのセクションに新規入居したニューカマーの管理（入居の確認、住居地の手配、生活用品や食糧配布、キャンプ委員会への報告、TBBCの食糧配布などNGOの支援への斡旋など）、セクションの安全管理、住民との話し合いなど、そのセクションの管理・統括業務を行っている[8]。

(3) キャンプでの生活

a．食糧について

　生活最低限の食糧については、TBBCの月1回の食糧配布が制度化され、キャンプ住民のほとんどに行き渡っている。米や豆、小麦粉に似た黄色い粉などが、家族に1冊ずつ配られた食糧配布帳に基づいて配布される。

　しかし、聞き取りを行ったキャンプ住民のほとんどが、TBBCの食糧配布は量も質も十分でないと不満を口にした。特に近年は、キャンプ難民数の増加や支援疲れによるドナーの撤退、助成金の急減によってTBBCの食糧配布は財政的にかなり苦しい状況にあり、食糧配布の質・量の低下が避けられない様子である。

　しかし、メラキャンプは、都市部メソトが近いこともあり、キャンプ外から物資が豊富に仕入れられ、多くの市や商店、食堂が営業しており、現金さえあればキャンプ内でかなりの程度の生活物資を購入することができる印象を受けた。キャンプ内では就労の機会が制限的であるため、現金は、第三国定住を果たした、あるいはキャンプ外に出稼ぎに出た家族・親族からの仕送りに頼りがちである。

b．通信環境

　携帯電話は、長く使用禁止であったそうだが、現在はプロバイダーによっては電波がかなり通じ、多くの住民が携帯電話を利用している。2010年に日本に定住した5家族も、月に数回のペ

ースでキャンプに残った家族と連絡を取り合っている。

　パソコンは、海外からの寄付などを通じてキャンプに入りつつあり、最近多くの学校やNGO、CBOなどが、パソコン教室を開いて若者を中心としたキャンプ住民のコンピュータ・リテラシーの向上に注力している。しかし、インターネット回線については、タイ政府がキャンプ内におけるインターネットの利用を禁じているため利用していない、という建前になっている。だが実際には、キャンプ内や周辺地域に電波アンテナを設置したり、携帯電話のネットワークを利用したりしながら、インターネットの使用を開始しているNGO・CBOやキャンプ住民がいるのが実情だ[9]。

　テレビは、キャンプ内でタイの番組6チャンネルとビルマ語の放送2チャンネルが映る。一番人気は、ノルウェーの首都オスロに拠点を構える、ビルマ向け独立放送局『ビルマ民主の声（Democratic Voice of Burma）』の衛星テレビ放送であるといい、ビルマから逃れたジャーナリストら人気コメンテーターが、ビルマの政治や選挙について討論し、ビルマ政権批判を含む番組を放送している。国境を少し越えたところで、ビルマでは許されない政権批判が堂々と放送で流され、カフェや自宅で幅広いキャンプ住民がそれを観ているという光景は印象的であった。

c．教育環境

　キャンプ委員会内の教育委員会の管轄のもと、保育園から高校までキャンプの各所に整備されている。各学校は、教育支援NGO、各国政府、個人、宗教組織などから資金援助や教科書、文具類、学校用品を受け取っている。学校では主にビルマ語、カレン語、英語の3言語で教育が行われている。そのような公立学校の他、民族ごとのコミュニティスクール、英語等を学ぶ私塾や技術学校が点在する。

　キャンプに高等教育機関がないことが問題点としてしばしば指摘されるが、実は大学（College）が2校設置され、約4年間の就学でBachelor（学士）の学位がとれるようになっている。卒業後はキャンプ内でNGO・CBO職員や学校教員として勤務する人が多いという。だが、大学の受入れ人数はいまだ極めて限定的であり、学習や学位が国際的に通用するのかどうかにも疑問が残る。

d．カレン族以外のキャンプ住民について

　メラキャンプは、タイと国境を接するビルマのカレン自治州から逃げてくるカレン難民が人口の9割以上を占めている。しかし、近年、迫害や紛争を逃れてキャンプに流入する非カレン族住民が増えている[10]。ほとんどがビルマからの政治・紛争難民だが、中には、ビルマ内外から来る経済移民も含まれているといわれている。しかし、移民に関する詳細については今回は調査できなかった。

　キャンプ人口の大多数はカレン族であるため、マイノリティである非カレン族住民に対する支援は十分ではない。昨年結成された、ビルマ出身の多民族代表によるCBOの会合に出席し、10民族の代表から話を聞いた。すると、教育の問題（学校教育は主にカレン語で行われており子ど

もが授業に取り残される、民族教育をしたいが運営する資金がない)、NGO等からの支援の問題（各種支援から漏れがち、TBBCの食糧配布すら受け取っていない、民族教育や民族事業にもっと支援が欲しい)、キャンプ生活での不利（カレン語ができないので教師やNGO職員として採用してもらえない）といった問題点が聞かれ、生活に困窮している様子が窺えた。

(4) キャンプ住民の不安

　以上にみてきたとおり、世界で最も長く続く難民キャンプといわれているこのキャンプでは、支援体制や自治組織、生活基盤がかなりの程度整備されているように見受けられた。しかし、高等教育や就業が限られた閉鎖的な空間で、支援を与えられながら変化の乏しい生活を続け、さらにそのような生活に終わりが見えない（母国帰還の見通しがたたない）という状況は、多くの住民にとってはストレスや不安が大きいものになっている。将来に希望を見出せず、学校に通わない、無気力、アルコールや薬物依存におちいる若者や住民も多いという。

　また、インタビューの結果、難民キャンプで活動するNGOはいずれも、ドナーからの助成金カットや縮小を課題としてあげている。長期化する難民キャンプの現状に変化があまり見られない、キャンプ住民が支援に依存しすぎてしまうといった理由から、ドナーがキャンプでの活動への経済的支援をストップ、あるいは縮小し、それによりNGOも活動や支援を縮小させたり、キャンプからの撤退を決定するNGOも多くなっているという。そのため、キャンプ住民は、支援が少なくなることによる生活の困窮への懸念や、そのうちキャンプがあらゆる国際的支援から見捨てられるのではという不安を抱えている[11]。

　キャンプでの生活や将来への不安を強く抱える人ほど、できるだけ早く第三国に逃れたいという焦りにも似た思いを持っている。

3. キャンプ住民と第三国定住

　TBBCの統計を見ると、2005年の第三国定住制度の開始[12]以来、2008年をピークとして、2009年、2010年と難民キャンプからの第三国定住者数は減少している。そして、多くのNGO職員は、第三国定住に関心を持つキャンプ住民が減ってきていると指摘した。筆者がメラキャンプ住民に行ったインタビューにおいても、第三国定住受入れ難民の要件を満たしているのに、キャンプを出たくないという住民の回答が多かった。

　以下、その理由を考察する。

(1) 第三国定住要件具備者の第三国定住がピークを超える

　第1に、第三国定住に関心を持つ住民や受入国側の受入れ条件に合致する人の多くは、この5

表　タイのビルマ難民キャンプからの第三国定住者数（単位：人）

（　）内はメラキャンプからの第三国定住者数。

	難民キャンプからの 全第三国定住者数	うち、アメリカへの 第三国定住者数	うち、オーストラリアへの 第三国定住者数
2006年	4,913 (-)	2,164 (-)	734 (-)
2007年	14,636 (9,164)	10,181 (8,136)	1,516 (810)
2008年	17,172 (6,412)	14,280 (5,566)	1,562 (806)
2009年	16,685 (3,387)	12,826 (2,816)	2,323 (511)
2010年	11,107 (1,678)	9,538 (1,495)	857 (100)
合計	64,513 (-)	48,989 (-)	6,992 (-)

出典：TBBC, *TBBC 2010 Programme Report July to December*, 2010, p. 8., *TBBC 2009 Programme Report July to December*, 2009, p. 9., *TBBC 2008 Programme Report July to December*, 2008, p. 8., *TBBC 2007 Programme Report July to December*, 2007, p. 4. - 部分は、数値なし。

年間に第三国定住を済ませたということである。特に、高等教育を受けた知識層や若年層、政治難民などは、自身あるいは子女の教育機会やよりよい生活を求めて第三国定住の道を選択することが多く、すでにキャンプを離れている。残ったキャンプ住民は、政情が落ち着いたら母国に帰りたいので母国から遠く離れたくないといった意見から、言葉や文化の差への不安、家族間での意見の不一致などにより、キャンプにとどまるという選択肢をとっている。

　また、印象的だったのは、キャンプ内で教師やCBO、NGOスタッフとして働く若く有能なキャンプ住民から、「第三国定住や高等教育には関心があるが、今はこのキャンプで住民をサポートする仕事にやりがいを持っている。だからキャンプを離れたくない」という声が多く聞かれたことだった。あるいは、「第三国定住に応募して海外で高等教育を受けたい。でも、その後は、キャンプや母国に戻って、学んだ知識をもとにキャンプや母国に貢献したい」という声も聞かれた。

(2) UNHCR 未登録住民

　第2に、より深刻と考えられるのは、UNHCRへの未登録住民には第三国定住の機会がほとんど閉ざされているということだ。日本をはじめとした第三国定住の実施国のほとんどが、UNHCRから第三国定住難民の推薦リストを受け、その中から受入れ難民を決定する。しかし、前述のとおり、キャンプを管理するタイ内務省は2005年からキャンプ難民の登録手続きをストップしているため、それ以降にキャンプにやってきたいわゆるニューカマーは、難民登録がなされておらず、第三国定住制度から自動的に除外される。そのようなUNHCR未登録者がメラキャンプだけでも今日約15,000人にまで膨れあがり、メラキャンプ人口の1/3を占めるまでになっている。

　ニューカマーは、母国に戻れないことはもちろん、第三国定住という第三の道をも失っているため、キャンプ以外に行き場を持たない。高等教育や就業の機会がほとんど閉ざされているキャ

ンプ内では、将来に対する夢や希望を抱くことも難しく、第三国定住に関する質問にも、「自分たちはどうせキャンプ外のどこにもいけないので、第三国定住受入国や制度に対するイメージや意見は持っていない」といった諦めに近い返答が多かった。将来に対する希望や展望が描けないということが、若者をはじめとする住民を無気力、薬物・アルコール依存へと向かわせることになる。

一方で、第三国定住への強い希望を語るニューカマーも多く、「UNHCRを通さない独自の第三国定住制度を構築してほしい」という願いも多かった。オーストラリアのように、UNHCRからの推薦リストによらず、大使館への第三国定住希望者個人の直接募集制度を採ったりと、ニューカマーにも第三国定住の門戸を開いている国も少数ながら存在する。日本行きを希望するニューカマーからは、日本もこのような制度をとってほしいという要望があった。ただし、日本がUNHCRを通さないで第三国定住制度を実行することになれば、難民該当性の判断をどのようにするのか、UNHCR以外のNGOや国際機関らとどのように連携するのか、タイ内務省が難民と認定していないニューカマーを日本に受け入れることでタイ政府との外交的摩擦が生じないか、などの課題が浮上すると想定される。

(3) 第三国に関するキャンプ内の情報、うわさ

第3に、アメリカやオーストラリアなど、既に第三国定住を果たしたキャンプ住民が多い国に関しては、キャンプに残った家族・親戚、友人などを通じて現地の情報がキャンプにもたらされ、それが口伝えに広まっている。

これは、第三国定住を促進する材料にもなる一方で、異国で文化の差に直面した、政府やNGOの支援が充分でない、仕事が探せない、差別を受けたといった困難な点がキャンプに伝え広まることで、第三国定住を躊躇する人を増やすことにもなる。たとえば、メラキャンプでは、アメリカの評価が低く、他方でオーストラリアが高く、オーストラリアへの第三国定住を望むキャンプ住民が多かった。キャンプ住民への聞き取りでは、アメリカは支援が少なく、到着後すぐに働いて自分で稼がなければならない厳しい国である、他方オーストラリアは、支援が多くて住みやすい国であるという認識が強いことが明らかになった。

もちろん、この認識は必ずしも実際の第三国定住難民の実情に合致しない部分も多いだろう。しかし、インターネットの使用が禁止され、得られる情報が限定される難民キャンプの中では、うわさレベルの情報すらも住民の決定を左右する重要な要素となることが考察される。これは、今後の日本の第三国定住の成否にとっても重要な変数であろう [13]。

また、大きな懸念として、その国についての正確な情報なく、人づてに聞いたイメージだけで安易に定住先を決定しまうことで、定住後の実生活とのギャップを許容できず、定着に支障がでることも考えられる。

4. キャンプ住民の日本の第三国定住制度に対する認識

(1) 日本の認知度の低さ

　キャンプ住民の日本、そして日本の第三国定住に関する意見としてまず顕著だったのは、日本についての認知度がまだとても低いという事である。日本に対する認識を聞いてみると、若者を中心に、平和で豊かな民主主義国家、アジアを牽引する経済大国といった、日本に対するポジティブなイメージが聞かれたが、他方で、日本人が米を主食とするといった、日本に関する基本的な情報も知らないキャンプ住民も多いようであった[14]。

　日本に対する認識がそもそも希薄であるため、日本の第三国定住についても関心を持つ人が少ない。日本大使館職員などがキャンプにて日本の第三国定住に関する説明会を開催しているが、説明会への参加者はとても少ないという。この背景には、日本の第三国定住がまだ始まったばかりであることを勘案しても、日本政府が日本という国や第三国定住制度についてキャンプ内で充分に広報できていないことが大きな要因であると考えられる。

　日本政府もこのような広報不足を認識しはじめていて、ある程度情報周知の努力を図っている。今年2月上旬に日本の大使館職員や法務省職員がキャンプを訪問し、キャンプ委員会とセクションリーダー、来日第一陣定住難民のキャンプに残った家族全員を集めて説明会を開催し、また別の日にはキャンプで活動するNGO、CBO、国際機関の職員を集めて説明会を開催した。そこでは、昨年来日した5家族の研修や生活内容、現状が写真やビデオを交えて報告され、また今年度の第三国制度の説明がなされたという。これは、彼らにキャンプにおける日本の第三国定住制度の広報役を担ってもらいたいという意図があるものと思われる。

　また、キャンプ委員会事務所前の掲示板、日本の教育NGOである公益社団法人シャンティ国際ボランティア会（SVA）が運営する図書館の壁や図書館内には、昨年度の来日第一陣定住難民の研修内容や日本での生活状況がわかる写真や手紙が掲示されていた。ただ、これはまだ日本政府の公式広報ではなく、また写真が小さかったり、研修の写真ばかりで実際の衣食住の状況が伝わらないなど、広報のやり方も未だ充分とはいえなかった[15]。

(2) 特殊言語としての日本語の問題

　第2に、日本語という特殊言語の問題がある。キャンプでは、英語教育はかなりの程度浸透しており（筆者の訪問した学校では、保育園からビルマ語とカレン語に加えて英語を教えていた）、高レベルの英語を駆使する若者、知識人がかなり多かった。そのため、英語圏に移住することに関してはあまり負担を感じないという人も多かったのだが、そのような人でも、日本語という特殊言語を一から学習することに対しては不安の声が多かった。キャンプでの1ヶ月の事前研修と、日本での6ヶ月の研修だけでは充分ではないのではないか、という不安が多く聞かれた。

その対応として、キャンプでの事前語学研修期間をより長くする、キャンプの教育機関や教育支援NGOなどと連携して日本語教室をキャンプに開設する、といった意見が聞かれた。後者は、日本語と触れ合いながら日本の文化を知る機会を作ることで、日本に関心を持ち第三国定住制度に応募する難民も多くなるのでは、という意見であった。

(3) 支援・研修不足への懸念

第3に、日本政府の準備する支援・研修が足りないのではないかという不安であった。特に日本語能力は、果たして6ヶ月の研修・支援だけで充分なのだろうかという不安が多く聞かれた。来日後6ヶ月で政府からの全ての支援がストップする現状の制度には不安が大きく、集中研修終了後も、難民一人ひとりの語学力や学習の進捗度、就職や生活の状況に応じて、必要であれば政府あるいはNGOから追加の個別支援が受けられるという保障がなされれば、もう少し安心して日本行きを決定できるという意見が多かった。

また、子女の教育に関して、日本の支援制度が見えてこないという不満が多く聞かれた。特に、難民キャンプで実現できない大学以降の高等教育に関してのニーズが大きいが、現状日本政府は第三国定住難民に対する特別の高等教育支援を具体的に有していないため、子女の将来の教育に関する不安が払拭できないと述べていた。

このような不安の払拭のためには、日本政府による制度の説明も必要だが、日本に定住した第三国定住難民の定住後の生活、就業、教育等に関する情報がキャンプに伝わるようになることが必要である。

(4) 日本の厳しい審査基準

第4に、日本の受入れ基準が厳しいということであった。日本社会に定着しやすいという理由で、子どものいる若い家族を受入れ単位としているが、これは他の第三国定住実施国と比べても厳しい基準である。暴力を受けた女性、シングルマザー、障がいを持つ人など、保護の優先度が高い難民を受け入れる枠組みがないことにも、NGOなどから批判があがっている。

また、キャンプ住民の中には、さまざまな理由からビルマ出身の配偶者や家族が既に日本に定住しており、難民認定や在留資格を得ている人がいる。家族再統合 (family reunification) の観点から、このように家族が日本にいる人にも積極的に日本への第三国定住の門戸が開かれるべきと考える[16]。

(5) 縁故者の不在

第三国定住を望む人は、家族や親戚がいる、あるいは同胞が多い国・地域への移住を望むため、既にキャンプからの定住者が多く住むアメリカやオーストラリアを選好する人が多く、一方で家

族も知人もいない日本に行くことはためらいがちであった。

　日本にもすでに多くのビルマ出身難民が在留しコミュニティも形成されており、第三国定住でやってくる同胞の支援に積極的な姿勢を持つ者もいる。しかし、第三国定住難民の研修・サポートを担当している財団法人アジア福祉教育財団難民事業本部は、これまでのところ、在日ビルマ難民個人・コミュニティと第三国定住難民が接触・交流することをかなり厳しく規制している。このことが、第三国定住難民の孤立感を高めるのではないかと憂慮される。

(6) その他

　現在のパイロットプログラムでは、ビルマ出身のカレン難民に受入れ対象を限定していることについても、非カレン難民から不満の声が聞かれた。さらに、前述したとおり、2005年以降キャンプに移り住んだニューカマーが日本の第三国定住から完全に除外されていることも問題となっており、聞き取りの中でも、ニューカマーの中に日本への第三国定住に関心を持つ人が多く見受けられた。

　さらに、今回はメラキャンプのみを訪問したため調査はできなかったが、現地のNGOスタッフからは、メラキャンプ以外の難民キャンプには第三国定住や日本行きを希望している難民が相当数いるのに、なぜ第三国定住希望者がほとんど出国しつくしてしまったメラキャンプのみで受入れを実施しているのかという疑問の声が挙がった。

　少し細かい技術的な問題になるが、UNHCRは、複数の国の第三国定住制度に同時に応募することを禁じていて、1つの国の結果が出てから次の国の制度に応募するようにと住民に勧告している。そのため、日本行きを希望しながらも、他国の第三国定住の申請結果待ち状態であるために日本の制度に応募できないという話を2家族から聞いた。他国の第三国定住制度の申請・面接時期と日本の申請・面接期間との折り合いを考えることも必要になるのかもしれない。

5. おわりに

　キャンプ住民が第三国定住制度に望むことは、「安定した安全な生活」と「子女の教育」の2つに集約される。前者は、衣食住が満たされる、強制や危険に脅かされない、仕事があることであり、後者は教育（特に大学以上の高等教育）の機会が保証されている、財政的支援をはじめとする各種就学支援が豊富であるということである。その両方についてある程度の確約がなければ、キャンプ難民が、遠く離れた、言葉も文化も違う第三国への定住を決断することは難しいと感じた。

　日本の第三国定住に関しては、未だに圧倒的な情報不足が、キャンプ住民の日本行きを躊躇させている。今後日本がビルマ難民キャンプでの第三国定住難民受入れを継続するのであれば、よりよい定住難民受入れへの制度改善を図っていくことはもちろんであるが、それと同時に、キャンプでの機能的な広報戦略も打ち立てる必要がある。そこでは、現在のように日本政府が自己完

結的に行う第三国定住制度ではなく、日本や現地の NGO・CBO や国際機関などと連携し、知恵とノウハウを共有しあう協働体制の構築が不可欠だろう。

最後に、キャンプの新たな動きとして、2005 年からストップしている MOI の UNHCR 登録手続きが再開する可能性があることに言及し、本稿を終えたい。

キャンプを統括する MOI は、難民キャンプに増加しつづける未登録住民問題を受け、2009 年に 4 地域の 4 キャンプで未登録住民のパイロット・プレ・スクリーニングを行った[17]。その結果は、本報告脱稿（2011 年 5 月末）現在、まだ公開されていないが、結果によっては、全キャンプにおいてニューカマーの大規模な難民登録が再開される可能性がある。既に 2011 年 5 月までの数ヶ月間に、UNHCR 担当官の難民キャンプ視察や UNHCR・MOI によるニューカマー住民の写真撮影などが開始されており、メラキャンプのニューカマーたちの間では、近いうちに難民に準じる何かしらの登録がなされるだろうといううわさが期待レベルにまで高まっているという[18]。

タイ政府の立場から考えれば、第三国定住目的の難民・移民がキャンプに大量流入することをけん制するために難民登録を停止したが、その後もキャンプへの難民・移民の流入が止まらないこと、また第三国定住を希望する UNHCR 登録済難民があらかた定住を終え、各国への第三国定住難民数が年々減少している現状を受け、キャンプ住民の増加をどうにか食い止めたいという意図が背景にあるようである。キャンプの解散[19]やキャンプ住民のビルマへの大規模な押し戻しといった強硬的な手段には国際社会からの反対が大きいだろう。そのように考えると、ニューカマーを難民登録させた上で積極的に第三国に送り出し、キャンプの飽和状態を解消しようという方向に舵を切ることは、現実的な選択肢であると思われる。

難民登録手続きが再開されれば、ニューカマーにも第三国定住への道が開かれることになり、日本の第三国定住制度への応募状況にも変化が見られるかもしれない。まだ不安定要素の多い難民キャンプだが、期待を持って経過を注視したい。

---

1 今回の第三国定住に関する調査は、筆者が難民支援協会のインターンとして外務省主催「NGO インターン・プログラム制度」による海外研修助成を受け、現地で行った「プロテクションの実践に関する現地調査」に付随する調査である。また、今回のメラ難民キャンプ訪問に際し、公益社団法人シャンティ国際ボランティア会 (SVA) 東京事務所及びミャンマー（ビルマ）難民事業事務所の協力をいただいた。

2 TBS News 2011 年 2 月 10 日付け報道。

3 TBBC, Camps, Mae Sot area (http://www.tbbc.org/camps/mst.htm).

4 ibid.

5 ibid.

6 また、国境地域のビルマ側には、国内避難民（Internal Displaced Persons: IDPs）が 446,000 人以上いると推定され、さらにタイ国内には 200 万人を超えるビルマ移民がいるとされる。TBBC, *TBBC 2010 Programme Report July to December*, 2010, p. ix.

7 UNHCR の統計には、難民の他、キャンプの学校に通うビルマ学生などが含まれている。*ibid.*, p. 7.

8 キャンプでの聞き取りの結果、セクションリーダーが日本の第三国定住制度についても、セクション内の住民に広報す

9　難民キャンプにおいて大規模な教材・教育支援を行うオランダのNGO、ZOA Refugee Care 職員へのインタビューによると、この団体は日本外務省の草の根助成金を受けてキャンプ内にメディアセンターを設置し、将来はここでパソコンやインターネットを使いながらキャンプ住民が各国の第三国定住情報を収集できるようにしたいと考えている。他の団体でも同様の構想を持つところが見受けられた。

10　たとえば、キャンプを歩いていると、商店を営むムスリム住民が目立った。多くがビルマ・カレン州出身者だという。

11　特にキャンプ住民の不安が多く聞かれたのが、①TBBCから配布される食糧支援が、年々量は減少、質は悪化してきている、②これまでキャンプにおける各種学校・教育を大規模かつ全面的にサポートしてきたZOA Refugee Careが数年以内のタイ事業撤退を決定したこと、の2つであった。両団体とも、その対応策は立てているのだが、住民にとっては、「食糧」と「教育」という生活の二大柱が大きく揺らぐことで、不安はかなり高まっているように見受けられた。

12　2004年初め頃より、アメリカはタイ政府及びUNHCRとビルマ難民の受入れに関して話し合いを始め、2005年7月より、タイ政府はキャンプ滞在者の第三国定住を認めるようになった。タイ政府は、以前は、第三国定住を促進すると、第三国定住を目的とした新たなビルマ難民の流入を招くことを懸念して認めていなかったが、難民の流入が続く状況を踏まえ、方針を転換した。財団法人アジア福祉教育財団難民事業本部『タイにおけるミャンマー難民の状況・支援活動現地調査報告』2006年、13頁。

13　例えば、あるセクションリーダー（来日第一陣家族の父親）は、来日した息子夫婦からの月1、2回の電話連絡を受ける中で、日本の第三国定住制度を大きく評価するようになった。そして、積極的にセクション内の住民に日本の第三国定住を広報しはじめた。時には、日本の息子夫婦からの電話を、第三国定住に関心を持つ周辺住民につなぎ、日本の状況を直接質問させたりしているという。その結果、日本について全く知らなかった家族が、今年度の日本の第三国定住の申請を決めたという実例につながった。

14　また、第二次世界大戦時のビルマの戦いや日本軍の占領の記憶が伝えられ、日本に対して否定的なイメージを持っている（あるいは、持っていた）と答えたビルマ難民も少数ながらいた。

15　日本の第三国定住を紹介する掲示物が貼られたSVA図書館のすぐ向かい側には、アメリカの第三国定住手続きを代行しているアメリカのNGOであるIRC（International Rescue Committee）が作成した、アメリカに定住したビルマ難民の生活を紹介する掲示板がある。そこには①山のように盛られた料理の数々、②サイクリングやダイビングのようなアクティビティ、③職業訓練や研修、教育、④温かい家族の日常生活の様子が、大きな写真を貼ったボードで紹介され、アメリカン・ドリームを実現させたかのような豊かで幸せなイメージが具現されている。このような広報戦略（NGOとの協力・事業委託も含む）は、今後日本の第三国定住制度を広報する際に参考となるだろう。

16　これに関するメラキャンプの新たな動きとして、2011年5月末、海外に配偶者や家族が在留するキャンプ住民はMOIに届け出るようにという通達がキャンプ内に出されたという。この目的については今後の動きを注視する必要があるが、キャンプ住民は、タイ政府が海外に縁故者を持つキャンプ住民を海外に積極的に送り出す準備をしているのではという見方をしている。2011年5月28日、メラキャンプ在住のカチン族難民（今回の現地調査の通訳。カチンコミュニティリーダー、キャンプ委員会アドバイザー）への電話インタビューより。メラキャンプ幹部の一人といえる彼は、UNHCR及び日本政府職員などキャンプ外からの訪問者のキャンプ通訳・案内を務めている。

17　タムヒン、バンドンヤン、ヌポ、サイト1の4キャンプ11,107人の未登録難民がMOIのインタビューを受けた。TBBC, op. cit., pp. 2, 6.

18　2011年3月25日および5月28日、前述のカチン族難民への電話インタビューより。

19　しかし、実は難民登録再開の期待が高まる少し前の時期までは、タイ政府が数ヶ月以内に難民キャンプを強制的に閉鎖するという不安をキャンプ住民は抱いていた。タイ政府は一貫して難民を「一時避難者(Temporary displaced persons)」、難民キャンプを「一時避難地域(Temporary Shelter Area)」と主張し、キャンプ住民やキャンプ自体の永続性を否定し続けてきたため、難民キャンプの閉鎖は常にキャンプ住民に付きまとう不安ではある。だが今回は、本年4月にタイ政府が国内9つのビルマ難民キャンプを閉鎖する予定を明らかにしたという報道も出されており（APF, May 23, 2011.）、キャンプ住民の間である程度の信憑性を持って受け止められていたようである。しかし、5月末の段階では、キャンプ解散の不安はほぼなくなり、ニューカマーの登録の期待が膨らんでいるようである。

特集　第三国定住

報告
日本における難民の第三国定住に関する論点

石川えり　特定非営利活動法人 難民支援協会

―― key words ――
第三国定住、地域への統合支援、関係アクターとの連携／ Refugee Resettlement, Integration to Local community, Cooperation among relevant actor

1. はじめに

　第三国定住とは、母国を逃れて難民となっているが、逃れた先の国においても保護を受けられない人を他国（第三国）が受け入れる制度である。多くの難民は最初に逃れた隣国にある難民キャンプ等に滞在しているが、その国での保護が得られていない難民に対して、出身国でも避難先の国でもない他国が受け入れることによって保護を提供するものである。2010年は98,800人の難民が22ヶ国に受け入れられている[1]。第三国定住は、（平和で安定した出身国への）自主的帰還、最初に避難した国への定住に続く3つ目の恒久的解決とされている。

　第三国定住は、それ以外に保護の手段がない場合に実施される。しかし、国連難民高等弁務官事務所（UNHCR）が支援をする難民のうち、第三国定住で受け入れられた人々は、1％にも満たない現状である[2]。そのため、より多くの国による第三国定住受け入れ枠の新設、また拡大が求められている。

　そのような環境の中、日本政府は、国際貢献及び人道支援の観点から、2008年12月の閣議了解に基づき、パイロットケースとして、タイのメーラ・キャンプに滞在するミャンマー（ビルマ）難民を毎年約30人、3年連続して受け入れることとした[3]。アジア初の受け入れとなるこの第三国定住は、難民の受け入れに消極的な日本の従来の政策転換を図るものとして、国際社会からも大きな期待を寄せられている。

　一方で、その実施方法については、初年度の半年間の研修において、難民支援団体等関係者であっても、また同国出身の難民で既に日本に長期間滞在している者であっても、受け入れられた

難民自身へアクセスすることは困難であったため[4]、政府発表及び報道のみから把握するしかないため非常に限定的であるが、そこでも幾つかの課題が明らかになった。本稿では、それらの課題を指摘するとともに、これまでの日本における難民受け入れの実情を踏まえ、受け入れ支援体制を中心に今後のあるべき姿を模索するものとする。

2. 受け入れの経緯

　日本への受け入れ難民の選定は、UNHCRからの推薦リストの提供を受け、日本政府が面接をして行う。UNHCRは基準に基づき難民として認め、難民キャンプに収容されている者から推薦リストを作成する[5]。日本政府は、2010年2月にタイのメーラにある難民キャンプを訪問して候補者の面接を行い、政府から委託を受けた国際移住機構（IOM）が、難民の健康診断、出発前の計3ないし4週間の研修で基本的な生活習慣に関するガイダンス及び日本語教育等を行い、同年9月28日に3家族18人、10月13日に2家族9人が日本へ入国した[6]。

　受け入れの枠組みは、過去に受け入れを行ったインドシナ難民同様に、難民に準ずる地位としての受け入れとなっており、難民条約上の難民としてではない。今回、第三国定住のミャンマー難民を受け入れるため、法務省は2010年2月に定住者告示の一部改正を行い、タイ国内において一時的に庇護されているミャンマー人であって、以下イ及びロのいずれにも該当する者を「定住者」として受け入れることができることとし[7]、今回、日本に来日した全員に「定住者」3年の在留資格を付与した。

　イ　国際連合難民高等弁務官事務所（UNHCR）が国際的な保護の必要な者と認め、我が国に対してその保護を推薦する者
　ロ　日本社会への適応能力がある者であって、生活を営むに足りる職に就くことが見込まれるもの及びその配偶者又は子

　入国後、第三国定住で受け入れられた難民は、東京都新宿区内の第三国定住難民宿泊施設に滞在し、健康診断を受けた後、第三国定住難民定住支援施設にて、約半年間の日本語教育、社会生活適応指導、職業紹介といった総合的な定住支援を受けた[8]。報道によると、都内や地方の工場などに職場見学に訪れ、就職活動を進めてきたという[9]。日本語教育については、その成果が報道陣へ公開された。「漢字、片仮名は難しいです。平仮名は読めます」等語ったと紹介されている[10]。

　その後、3家族15名が三重県鈴鹿市、2家族12名が千葉県八街市の農業法人へそれぞれ就職し、3月9日に施設を退所した[11]。出身国でも農業に従事していたことから、農業への就職希望があったとされる[12]。

3. 現行制度の課題

　今回の第三国定住に関して、現行制度及び制度設計のプロセスにおいて課題が見られる。最初に現行制度の課題について述べる。

(1) 選定基準

　日本で受け入れる難民の選定については、前述の通り、「日本社会への適応能力がある者であって、生活を営むに足りる職に就くことが見込まれる者」という条件が付されている。難民の社会参画を促す上でも就労は重要であるが、職に就くことが見込まれる者に限定して受け入れを実施することは、課題も残していると言える。

　すなわち、難民の中でも国際的な保護をより必要としている人として、(逃れた国においても)特に危険な状況に置かれている人々をはじめ、疾病を抱えた人、障害をもつ人、性暴力の被害女性等が難民キャンプで暮らしているが、この選考では、そうしたより保護が必要な人は漏れてしまう可能性がある。

　例えば、ニュージーランドでは、毎年の受け入れ数のうち、2割前後を障害や健康上の理由で医療的なケアが必要等、特別なケアを必要としている人に割り当てている[13]。またスウェーデンにおいても、第三国定住を必要とする緊急事案に対しては、柔軟に対応し積極的に受け入れている[14]。

　日本においても、難民の中でも国際的な保護をより必要としている人の受け入れを積極的に考える必要があるのではないだろうか。

(2) 法的地位

　第三国受け入れの閣議了解に「第三国定住による難民」とあるように、彼(彼女)らは「難民」、すなわち、UNHCRが審査を行い国際的保護が必要であることが認められた者であり、国際法上のノン・ルフルマン原則が適用され、本国へ送還できない者である。こうした難民は、受け入れ国である日本において難民認定手続きを経ずしても、条約難民と同じ難民と解されるべきである。

　今回の第三国定住難民の在留資格は、期間3年の「定住者」という条約難民が実務上付与されているものと同じであり、就労・社会保障の権利を行使する上では法的な制限はない。しかし、条約難民としての受け入れではなく、インドシナ難民の受け入れと同様、難民に準ずるものという取り扱いであり、条約難民ではないことで、①送還されないという保障がなく[15]、②永住許可及び帰化における優遇(要件の緩和)がないこと、③難民旅行証明書[16]が交付されずに、渡航先に制限が出てしまうこと等の問題が生じる。これらはインドシナ難民についても指摘されていた問題であり[17]、制度的な解決を要する。

アメリカにおいては、第三国定住で受け入れられる難民と条約難民は同じ法的権利を持つ[18]。日本においても、第三国定住難民も難民条約上の難民として受け入れられることが望ましい。

(3) 受け入れ支援についての法制度の必要性

前述した(1)(2)に加え、日本での第三国定住受け入れ支援に関する法律が存在しないことも問題である。今回の第三国定住難民やインドシナ難民、条約難民についての定住支援は閣議了解により決定している。また、難民申請者への支援は、行政管理庁（現・総務省）の行政監察結果に基づく勧告にて実施されている[19]。しかしこれらの難民への支援実施については法律上の規定がなく（政令や通達もないことから）、ともすれば関係する担当省庁の裁量で判断される可能性もある。第三国定住を含む全ての難民への支援に関する立法の必要性がある。

アメリカにおいては、1980年難民法において第三国定住の受け入れ基準が定められており、また第三国定住及び条約難民の定住支援についても規定されている[20]。また、デンマークにおいても、定住のための3年間の導入プログラムを受けられることが法律に規定されている[21]。

(4)「特別なニーズがある人」への支援

今回の受け入れについて、難民のメンタルヘルスに関する支援策の有無は、政府の発表資料上では記載されておらず、把握することはできなかった。しかし、メンタルヘルスへの対処は難民支援の際の取り組むべき重要な事項である。日本に定住したインドシナ難民にも深刻な精神的困難を抱えている難民定住者が多くいたことからも[22]、制度設計すべきである。

今回のパイロットケースにおける選考では、前述のように「日本社会への適応能力がある者であって、生活を営むに足りる職に就くことが見込まれる者」という条件が付されている。そのため、健康上の問題が少ない難民が受け入れられ、高齢者、障害者、疾病を抱える難民などは、少なくともパイロット期間中は受け入れられない可能性が高いと考えられる。しかし、「世界の難民のうち深刻な身体的拷問や精神的虐待のいずれか、あるいは両方を受けた者の割合は35％にのぼると推定」されている[23]。そして「拷問や、より一般的な性質のトラウマ性の出来事（無差別な暴力、自宅やコミュニティーからの強制的避難、内戦、長期にわたる窮乏状態など）を含むと思われる経験への暴露によって第三国定住難民の間では主に心的外傷後ストレス障害（PTSD）、抑うつ、不安、悲嘆など心の問題が発生するリスクが高い」[24]。そのため、「第三国定住の初期段階において難民のメンタル・ヘルスに最適な条件を整えることや、マイナス要素への暴露を最小限に抑える」ための支援が必要とされる[25]。そして初期介入は、社会的負担や医療費のコスト回避にも寄与するとされる。

また、女性や子どもなど、支援の中でともすれば周辺化されてしまいがちな人たちへの専門的なケアや特別なニーズへの対応も必要である。

そして、難民が、受け入れ社会で年を重ねるにつれ新たにサポートが必要となる場合もあ

る[26]。支援策として、長期にこの課題に取り組むことで、第三国定住に伴うストレス対処や適応に必要な心身の健康状態の最適化を図るとともに、より深刻な精神障害の予防に役立つと考えられる。

(5) 定住支援に関する課題

　今回のパイロットケースにおける第三国定住支援プログラムの中核は、入国当初の初動支援と合わせた180日間である。その前に難民キャンプでの出国前研修期間が3～4週間あり、それらを含めても総数210日前後である。

　難民キャンプの生活から日本社会に初めてやって来た者が、語学研修も含めて210日間前後の研修で、すぐに就労し、自立をしていくことは非常に難しいと言わざるを得ない。定住のための支援期間は非常に短いと言え、長期的で一貫した視野に立った支援が必要である。後述するように、その支援方法は、受け入れ地域で難民が相談し解決できるためのリソースを整備し、関係者を巻き込んでいくことが重要である。

a．日本語教育

　研修期間のうち、日本語教育の期間は4ヶ月間とされた。これはインドシナ難民への教育期間と同じである[27]。日本語教育プログラムを受け、定住した後のインドシナ難民に対し、アジア福祉教育財団難民事業本部が行ったアンケート調査[28]では、日本語レベルを4種類に分類して分析した結果、①現在の日本語力については、「約半数の人は日本人と接する場面において日本語の理解に何らかの問題があるものと思われる」とされた。②話す力については、「不正確だが何とか答えられる人が43.5％、その他の人（19.7％）は日本での生活上相当に困難があると思われる」とされた。③書く力は「住所、氏名、生年月日等を記入することで測った結果、約半数の人は漢字を使って正しく住所を書くことができなかった」とされ、「（356名のうち）21名は氏名もなにも全く書けなかった」とされた。これらの結果からは、日本語能力の低さや課題が明確に現れている。また、内閣官房が行ったアンケート調査においても、「現在困っていること」で最も多い項目として挙がったのは「日本語能力の問題」43.4％（複数回答）であり、「困っている内容」は、「仕事をするときや役所や学校での読み書きや会話」といった日常生活の中でもとりわけ重要かつ不可欠な項目であった。また、「政府に望むこと」として「日本語教育を希望する」33.4％（複数回答）が一番のニーズとして挙がっている[29]。

　そして、提言の一つとして、研修後の日本語教育の継続とそのための方法が求められた。成人については、近隣での日本語教室の開設と家庭巡回指導体制の確立が挙げられていた[30]。その理由として、研修が終了し、センター退所後は、地域で就労することが想定されているが、働いている環境では、地域から離れたセンターで日本語を学ぶことはできず、また交通費等の出費がかさむことから、低収入の場合に行くことができない。よって、できるだけ家か職場の近くで学べる環境が必要である。そして、難民の年齢差や日本語能力の個人差が大きく、様々な学習目的

を持つことから、指導者についても継続的にまた専門的に教えることのできる日本語の教師が直接指導することが望ましいとされている。これらの調査結果からは、インドシナ難民への日本語教育プログラム内容について、十分ではなく、改善すべき点があったと言える。このような指摘が、今回発表されている第三国定住難民への日本語教育研修に活かされた形跡はない。

　他国の第三国定住難民に対する実践を見ると、例えば、オーストラリアでは、就労し、自立した生活を送りながら継続して英語を学ぶことができる場所の確保がなされている。第三国定住者は、入国後に成人移住者向け英語学習プログラム（Adult Migrant English Program）が利用できることに加え、到着後5年まで定住支援助成プログラム（Settlement Grants Program）を利用することができる[31]。

　今回の第三国定住については、これらの経験からも現行プログラムより長期に、また就労しながらも継続して専門的な日本語教育等のサポートが受けられるようにすべきではないだろうか。

b．経済的自立支援

　就労は、経済的自立への道筋を立て、安定のための手段となる。今回の自立支援策について、国は「就職支援等をきめ細かく行っている」としていたが[32]、その具体的な取り組み内容は公表されていない。

　今回のパイロットプログラムでは、本人たちの希望に添って、農業への就職が実現したと報道されている。

　一方、報道によると、定住の際に、農作業にも必要な自動車の免許取得は難しく、そのため自転車を通勤手段として住居の選定がされたという[33]。就労先への移動手段だけでなく、生活していく上でのその他の要素の検討はなされたのであろうか。子どもの通学、保育施設の確保、また幼い子どもを何人も抱えながら就労する母親の体調管理等、定住の過程で起こる様々な実質的障壁に対しても改善策が提供される、若しくは支援にアクセスができるような便宜が図られることが期待されるが[34]、それらについても公開されていない。

　また報道では、第三国定住者を受け入れた農園経営者の一人は、「（政府による）丸投げだ」、半年とされている訓練期間では「農業のノウハウは短期間で身につかない」と話しており[35]、その支援実施や期間に問題があると認識している。

　インドシナ難民の就労に関する課題としては、内閣府の調査では「生活費より給料が安い」とする者の率が64.9％と高く、給与（手取り）額は10万円以上30万円未満、製造業で働いている者が最も多く[36]、景気の悪化によって、継続して安定した収入を得ることも簡単ではなかったとされている[37]。また労働に関連した課題として、「給料の決め方や昇給制度がわからない」としている者が37.3％と最も多く、その他に「不法就労と同じに見られる」26.5％が挙げられていた[38]。ここからは、日本の制度や慣習に対する理解不足、差別や劣等感等、様々な課題がみられる。さらに、第三国定住における就労に関する課題として、人種差別・搾取への対応、雇用主に対する難民のスキルと属性のアピール、文化的配慮の促進等などが挙げられている[39]。今回の就労支援では、これらの課題が改善されるための新たな手当てや取り組みがなされていることを期待

する。

　最後に、経済的自立の一形態として、将来的には小規模事業の起業支援等も視野に入れた多様な支援が用意されることも考えられる。起業支援に関する海外の事例として、オランダではみずから事業を興そうとする者は18ヶ月間の有償融資を受けることができ、アイルランドでは小規模事業を立ち上げたいと考える者で、事業提案の実現可能性が認められた場合に、返済不要の手当てが支給される[40]。

c．継続・一貫した個別支援の視点の必要性

　政府発表資料では、施設退所直後の支援として、定住支援施設に生活相談員を配した相談窓口を設け、一定期間ごとに、その自立生活状況を確認しつつ、相談等に応じ、指導・助言を行うとされている[41]。しかし、今回のように定住する場が定住支援施設から離れた場合、生活相談員を定住支援施設に配置するだけで、効果的な相談対応が十分に行えるであろうか。

　これはインドシナ難民支援と同様であり、インドシナ難民たちが問題を相談できる先がなかった（あっても実際には相談していない）ことが課題として挙げられていた[42]。UNHCRは、難民に対して、専門家による継続した個別支援を提供することが重要であるとしている[43]。

　具体的には、「個別的（マン・ツー・マン原則）かつ継続的に、相談・カウンセリングや各サービスに〈つなぎ〉、また〈もどす〉役割を担う」[44]というパーソナル・サポート・サービスを難民支援についても導入し、定住の過程に応じた一貫した視点での支援が提供されることが望ましい。

d．地域での受け入れ支援

　入国直後に基本的なオリエンテーション（銀行制度、関連する行政支援への登録、就学について）の実施や医療の提供、語学指導の提供を開始するために、集中した研修を実施することは効率的であり、多くの第三国定住受け入れ国においても実施されている。定住する地域社会の中で生活をしていくことを考えれば、定住先の地域社会との関係構築を目的に、定住先での支援をより充実させることが必要なのではないであろうか。

　他国の実践では、例えばニュージーランドでは、第三国定住の集合研修を6週間にとどめており、その後地域社会に住居を決めて、そこでの定住を目指す[45]。また、オーストラリアにおいては一時滞在施設への滞在の上限を4週間とし、その間に定住先となる住居を見つけて移動し、その定住先において6カ月間から必要に応じて12カ月間の定住支援を利用できることになっている。もっとも、アメリカ等のように、一切集合研修を設けずに、入国後すぐに定住先へ移動し、NPO・自治体等による支援が開始される形もある。

　確かに、全く定住先の言葉が話せない人を地域社会で受け入れることへの懸念もあろう。しかし、日本においても、このことにこそ予算を投じて、受け入れ自治体への協力を積極的に求めることが重要である。日本では、語学サポート体制が十分に確立されている学校や就労先が少ないことからも、地域で相談や支援が受けられるような地元の住民やNPOとの交流や役所との連携を図り、支援体制をつくる必要がある。そしてその具体的連携が信頼関係を構築していくこと

にも繋がると考えられるが、今回の政府発表資料では、研修を政府が行った後は、地方公共団体に協力を要請するとしか書かれておらず[46]、支援については予算措置も含めて把握できなかった。

　研修を実施するのであれば、他国での受け入れを参考に、例えば集合研修期間の上限を2ヶ月とし、その後は定住先の地域社会において語学も含めた支援を行えるよう、地域社会と一体となって環境を整備していく体制をつくることが望ましい。また、集合研修を行う際にも、たとえ短期間であっても、当初から研修地域を巻き込んだ形での受け入れ方法の模索が求められる。

4. 制度設計における課題

(1) 難民支援の経験に基づいた設計

　過去に受け入れたインドシナ難民への定住支援政策からは多くの経験を有しているはずだが、今回の制度設計に際して、そこから学んだことが反映された形跡はない。

　前述のとおり、インドシナ難民への日本語教育や就労支援に関しては様々な課題があり、改善策が提示されていた。

　また、インドシナ難民支援策が設計されたのは、今から30年以上も前である。この間、技術革新に伴う社会変革や、グローバル化によるヒト・モノ・金・情報などの国境を越えた世界との繋がりが国内のあらゆる分野に影響を及ぼし、難民を取り巻く環境にも多くの変化がみられている。また難民が住民として暮らす上で、地方自治体においても各地域の特性に応じて規制の特例措置を定めた構造改革特別区域を設定するなど独自の取り組みを模索できる可能性がある。加えて、企業の社会貢献の増加やNPOなど市民の社会参加についても、この数十年で急速に拡充している。今回の難民受け入れについて、このような社会変化にも対応した検討及び課題の見直しがなされてきたのであろうか。残念ながら、この点についても一切公開されていない。支援項目を見る限り、今回の第三国定住支援策は、インドシナ難民へのそれとほぼ同様に、中央政府のみが単独で実施する内容である。社会変化にも応じた支援策でなければ、結果としてインドシナ難民受け入れにおいて指摘された課題以上に問題が発生する可能性がある。

(2) 情報公開と関係者間のパートナーシップ

　今回の受け入れは、その決定過程が、すべて政府内の議論に終始していた。当事者である難民や支援団体など関係者の声を集め、協議する場がないままに、一連の政策決定が行われてきた。NGOは報道で第三国定住に関する進捗を知ることが多く、報道の内容を政府に問い合わせても「特に現段階で話せることはない」との回答であり、支援団体としての関わりを限定せざるを得なかった面は否めない。

　国際社会においては「政府、難民、コミュニティー、非政府組織およびボランティア間の多面

的なパートナーシップを継続的に発展および強化させていく必要がある」[47]と言われている。またアメリカでは「良好なパートナーシップは第三国定住を受け入れる上での条件である」[48]と言われるに至っており、関係機関の連携は不可欠な状況である。そして、政府の発表資料にも、センター退所後の支援として「難民支援関係民間団体との連携」との記載がなされているが[49]、難民関係団体との連携は始まっていない。

さらに、すでに日本で暮らしている第三国定住難民と同じ出身国の難民の参画に関しても課題が残った。個別に通訳者として雇われた難民はいるものの、支援をしたいと申し出た難民が支援に関わることは認められなかった[50]。特に、6カ月間の研修地である東京・新宿区は、ミャンマー難民が多く住みミャンマー難民コミュニティーが存在する、日本でも数少ない場所である。その場所を研修地としていながら、なぜ同国難民の支援を認めなかったのか。今回、先行の難民自身の定住経験が、第三国定住支援のプログラム決定に際して活かされたという形跡も見当たらない。初めて日本にやって来た難民にとって、同国難民や難民コミュニティーからの支援は、定住の初期段階において特に重要である。UNHCRでも「コミュニティーを通じて難民が文化的・宗教的諸制度や習慣に慣れ親しむ手段も確保される。難民コミュニティーが確立されていれば、新規到着の難民と受け入れ国社会との間の架け橋となって現地社会の慣行や価値観を難民に伝え、また難民の抱えるニーズを広く社会に周知させる役割を果たすこともできる」[51]と期待される存在である。もし、難民コミュニティーが参加することに懸念事項があったとしても、それを解決し、積極的に参加を促し取り組むべきではなかっただろうか。

そして、半年間の研修施設がおかれた新宿区の地域においても情報公開が課題となった。地域における住民向けの説明会は、筆者が把握している限り研修開始直前と終了直前に町内会の掲示板を通じて告知され、2度開催されている。

第三国定住受け入れと統合に関する国際会議で策定・指示された指導原則の中では、「一般人を対象に難民の状況について正確で時宜を得た情報が提供されるべきである。コミュニティーに難民が入る際に受け入れ先も準備が必要であり、いっそう具体的な情報が求められる。いずれの場合にもメディアが果たせる役割は大きい」[52]とされている。難民である特殊性を考えると、個々の家族のプロフィールや住む場所が広く公開されないことは、難民保護の観点から当然必要である。しかし、報道では、研修地のある地域社会の中では「支援したいのに止められている」[53]という意見があり、情報管理を徹底しすぎるあまり、日常的に接する可能性のある地域社会との円滑な関係構築に支障をきたさなかっただろうか、といった検証が必要と考えられる。

前述の指導原則にある「難民各人の第三国定住・社会統合プログラムのいずれにおいても、その策定、実施および評価にあたっては難民の参画とリーダーシップが必要不可欠である」[54]との原則が活かされるよう、検証が必要と考える。

5. おわりに

　第三国定住による難民受け入れが、パイロットケースを経てよりよい受け入れ制度となることを期待したい。そして難民の権利が確立され、差別なく受け入れられるための制度的な保障も必要とされる。

　同時に、日本は難民条約に加入し、毎年千人単位で難民申請者がやって来ている。保護が必要な条約難民や難民申請者についても、これまで長年、課題が指摘されている中、第三国定住受け入れと合わせた、総合的な対策が必要と考える。

　この第三国定住受け入れを通じて、すべての難民に対してより寛容な政策、社会となっていくことを期待したい。

1　UNHCR, *UNHCR Global Trends 2010*, 2011, p. 19 (http://www.unhcr.org/4dfa11499.html)。

2　*UNHCR Global Trends 2010* によると、2010 年、UNHCR の保護の対象者となる難民数は、1,055 万人であった。同年、第三国定住によって受け入れられたのは 98,800 人である(*ibid.,* pp. 7-18.)。

3　内閣官房難民対策連絡調整会議「第三国定住による難民の受入れに関するパイロットケースの実施について」2008 年 12 月 16 日。

4　複数の難民支援団体関係者及び同国出身の難民からの聞き取りに基づく。難民支援協会調べ。

5　内閣官房難民対策連絡調整会議「第三国定住による難民の受入れに関するパイロットケース実施の具体的措置について」2008 年 12 月 19 日。

6　外務省プレスリリース「第三国定住によるミャンマー難民の来日」2011 年 10 月 13 日。

7　法務省「出入国管理及び難民認定法第七条第一項第二号の規定に基づき同法別表第二の定住者の項の下欄に掲げる地位を定める件」(平成 2 年法務省告示第 132 号、平成 22 年告示第 37 号にて改正)。

8　内閣官房難民対策連絡調整会議・前掲注 5。

9　『共同通信』2011 年 2 月 18 日。

10　『共同通信』2011 年 2 月 23 日。

11　外務省プレスリリース「第三国定住により受け入れたミャンマー難民の就職先の決定」2011 年 2 月 25 日。

12　共同通信・前掲注 9。

13　ニュージーランドでは、Quota Programme といわれる第三国定住制度の中で、受け入れ難民年 750 人中、①誘拐、性的虐待・搾取等の危険に晒されている女性の難民 (75 人)、②障害や健康上の理由で医療的なケアが必要な難民 (75 人)、③UNHCR によって優先的保護を要すると認められた難民 (600 人) を割り当てている。アジア福祉教育財団難民事業本部「ニュージーランドにおける第三国定住によって受け入れられた難民等に対する支援状況調査報告」2008 年 11 月、4〜5 頁。

14　スウェーデンも同様に、1950 年に UNHCR の再定住プログラム（クオータ制）を導入し、今日まで毎年一定数の難民や国際的保護を必要とする者を受け入れている。再定住を必要とする緊急事案によっては柔軟に対応し積極的に受け入れている。2004 年度受入数 1,700 人中、同伴者のいない子ども及び緊急事案 (425 人)、その他の措置 (175 人) 等の、特別なカテゴリー（特に緊急な事案や特別に保護を必要とする事案、司法機関で係属中の事案等）に該当する難民も受け入れている。アジア福祉教育財団難民事業本部「スウェーデンにおける第三国定住プログラムによって受け入れられた難民及び庇護(難民認定)申請者等に対する支援状況調査報告」2005 年 2 月、13 頁。

15　インドシナ難民について明文化されていないため、一部の人に送還を可能とする退去強制令書が発付されたことが問題となった。『共同通信』2004 年 10 月 6 日。

16 難民の地位に関する条約 28 条（旅行証明書）。
17 原口律子「インドシナ定住難民の社会適応──サポート・システムの分析を基軸として」『人間科学共生社会学』1 号、2001 年、27 頁。
18 アメリカで受け入れられる難民は以下の 2 つのカテゴリーに分かれる。すなわち、アメリカ国外にいながらアメリカ政府によって庇護を必要とする対象として認定された者（refugee）、及びアメリカ国内で入国後政府に庇護を求め、難民と認められたもの (asylee) の 2 つであり、日本における条約難民は後者を指す。そして両者について、認定後に付与される諸権利は同等である（アメリカ 1980 年難民法 207 〜 209 章）。
19 行政管理庁「難民行政監察結果に基づく勧告」1978 年 7 月。
20 アジア福祉教育財団難民事業本部「アメリカ合衆国における第三国定住プログラムによって受け入れられた難民及び庇護申請者等に対する支援状況調査報告」2005 年 9 月、6 頁。
21 デンマークの The Act on Integration of Aliens in Denmark において規定されている。
22 国際移住機関「日本におけるベトナム難民定住者（女性）についての適応調査」2008 年 2 月、43 頁。内閣官房インドシナ難民対策連絡調整会議『インドシナ難民の定住の現状と定住促進に関する今後の課題』1997 年、87 頁。
23 UNHCR『難民の第三国定住──難民の受け入れと社会統合のための国際ハンドブック』2010 年、233 頁。
24 同上。
25 同上、234 頁。
26 「たとえば、日本社会での適応が進むにつれて、日本の難民受け入れ制度のあいまいさや、情報提供機関の少なさ、相談機関の少なさ、難民の身分の問題など、さまざまな情報を得た結果、多くのことが見え始め、それゆえ現実への不満や将来への不安が高まっている場合である」。国際移住機関・前掲注 22、45 頁。
27 ただし、第三国定住には、インドシナ難民ではなかった出国前研修があり、その一部に日本語研修が含まれている。また、1987 年度までの 7 年間のインドシナ難民への日本語教育期間は 3 ヶ月間であり、その後、1988 年度から 2006 年度までの 18 年間は 4 ヶ月間に延長されている。
28 アジア福祉教育財団難民事業本部「日本定住インドシナ難民の日本語に関する調査研究」1996 年 8 月、109 頁。
29 内閣官房インドシナ難民対策連絡調整会議・前掲注 22、83 頁。
30 アジア福祉教育財団難民事業本部・前掲注 28。
31 オーストラリア移民市民権省（http://www.immi.gov.au/living-in-australia/help-with-english/amep/）。
32 第 177 回国会衆議院予算委員会における前原誠司外務大臣（当時）の発言（2011 年 2 月 17 日）。
33 共同通信・前掲注 9。
34 UNHCR・前掲注 23、190 頁。
35 『読売新聞』2011 年 8 月 5 日。
36 内閣官房インドシナ難民対策連絡調整会議・前掲注 22、83 頁。
37 「彼らは、ニューカマーの中でも行政から財が提供される点で優位な立場にあると想定されるが、実際は、日本の労働市場においても、構造転換のダメージが大きい脆弱な層に包摂されている。その結果、構造不況下、倒産などによる消極的な失業が増大し、労働市場において周縁化され、それと連動して在日カンボジア人家族内部に亀裂や葛藤を増幅させている」。鈴木美奈子「構造不況の中の在日カンボジア人──就業および家族生活への影響」宮島喬研究代表『外国籍住民と社会的・文化的受け入れ施策（科学研究費補助金〔基盤研究 (B)〕研究成果報告書）』2000 年、97 頁。
38 内閣官房インドシナ難民対策連絡調整会議・前掲注 22、83 頁。
39 UNHCR・前掲注 23、184 〜 186 頁。
40 UNHCR・前掲注 23、183 〜 184 頁。
41 内閣官房難民対策連絡調整会議・前掲注 5。
42 「複雑化してくると家族・友人では問題の解決はできず、難民相談員及び職業相談員に相談し、援助を求めているという。しかし、相談員に相談したことがない者は 57.2％おり、相談員の存在を知らない者は 11.5％いた」。アジア福祉教育財団難民事業本部「インドシナ難民の定住状況調査報告」1993 年、40 頁。
43 UNHCR, "A Community-based Approach in UNHCR Operarion," 2008, p. 27.

44　内閣府「パーソナル・サポート（個別支援）・サービスについて」2010 年 5 月 11 日。
45　UNHCR・前掲注 23、73 頁。
46　内閣官房難民対策連絡調整会議・前掲注 5。
47　2001 年 4 月にスウェーデンで開催された「第三国定住難民受け入れと統合に関する国際会議」で策定・支持された指導原則。UNHCR・前掲注 23、300 頁。
48　難民支援協会主催国際シンポジウム「変わる日本の難民受け入れと地域社会──米国における自治体と NPO の協働に学ぶ」2010 年 7 月 3 日。
49　内閣官房難民対策連絡調整会議・前掲注 5。
50　難民支援協会に「なぜ支援にかかわれないのか」についての相談の電話が数件あった。
51　UNHCR・前掲注 23、35 頁。
52　UNHCR・前掲注 23、13 頁。
53　例えば、メディアの報道で以下のような地域の声が紹介されている。「難民を受け入れた地域の人達は、彼らが早く日本の生活に慣れて地域に溶け込めるようイベントや会合に参加してほしいと呼びかけますが思うようにいきません。ミャンマーの難民 27 人が住んでいる街の住民は「学校に入る問題とかいろいろ話しているんですけど、外務省や難民協会（筆者注：難民事業本部）の方がそういうことはしないでくれと盛んに言われるんですよ。私なんか不思議だなと話します。プライバシー保護などの理由から来日した難民の名前も年齢も非公開です。地域の住民が直接、接することも難しいと言われ"秘密のベール"に包まれた新しい住民に対して、地域の人達はどう接していいのか戸惑いを隠せないといいます」。『TOKYO MX』2010 年 11 月 28 日配信。
54　UNHCR・前掲注 23、13 頁。

寄稿論文

エスニック・コミュニティのない難民申請者へのグループワークによる支援

森谷康文　北海道教育大学教育学部（多文化ソーシャルワーク）

---
key words

難民申請者、エスニック・コミュニティ、グループワーク／Asylum-seekers, Ethnic Communities, Social-group-work

---

1. はじめに

　日本の公的な難民受入れは1970年代のインドシナ難民にはじまるが、日本に定住した多くのインドシナ難民は、集住し、エスニック・コミュニティを形成した。集住化の背景には、母語のネットワークの形成やエスニック・フードへのアクセスが比較的容易であるといった生活の便宜性に加え、難民を受け入れる体制が不十分な日本社会で生き抜くために相互扶助を得ることがある。こうした「生活戦略」としてのエスニック・コミュニティの形成は、インドシナ難民以外のいわゆる条約難民の一部の国や民族の出身者にもみることができる。

　ところが、難民申請者数の増加にともない、近年では難民の出身国の多様化がみられ、日本にエスニック・コミュニティがない者もめだつようになっている。今日の日本の公的な定住支援の枠組みが基本的にインドシナ難民の頃のものと変わりがないなかで、エスニック・コミュニティが日本に存在せず、そこから日常生活上の便宜や精神的な安心を得られない難民の生活は、いっそう困難な状況にある。本論は、こうしたコミュニティからの援助を得られない者に対する支援のあり方を検討するために、コミュニティがない難民申請者の生活状況について報告するとともに、エスニック・コミュニティのオルタナティブとしてのグループワークの可能性について考察する。

2. 難民申請者の生活困難

　難民申請者の日本での生活困難のひとつに、申請者という社会的にも心理的にも不安定な状態が長期に続くことがあげられる。認定審査を所管する法務省は審査期間について「2011年3月末までに原則的に6か月で処理できる状況となるよう努めること」としているが、2010年度に

要した処理期間は平均で 12 か月から 14.4 か月となっている[1]。日本に暮らす難民を支援している難民支援協会の石川は、日本の難民認定審査が通常で 2 年から 3 年を要し、長い場合は 11 年間も待たされていると述べている[2]。申請者が入国管理法に違反していると判断される場合は、入国管理局の施設に収容されることもあるが、申請者の中には、収容が数年にわたる長期に及ぶ者や施設内の処遇が適切でないために身体や精神的な健康を損なう者がいることも報告されている[3]。収容された申請者の不安は計り知れないものがあるが、収容されなかった者も、難民認定されるなど何らかの形で在留が許可されない限り、いずれは収容されるのではという不安を常に抱えている。

さらに、審査結果を待つ期間の生活費用が必要なことはいうまでもない。申請者の中には、一定の条件のもとで就労が許可される者もいるが、就労が許可されることと就職ができることは別である。許可があっても近年の不況で就職先がみつからない、日本語の習得が不十分なことを理由に不採用になるなど、実際に働いて生活に必要な収入を得ることができる申請者はごく一部に限られている[4]。申請者が審査結果を待つ間の日本での生活においては、生活保護をはじめとする社会保障制度の多くは適用されない。困窮する者に対しては、政府から生活費や必要な医療費が支給されているが[5]、政府より委託をうけ申請者への保護費支給業務をおこなう財団法人アジア福祉教育財団難民事業本部（Refugee Assistance Headquarters: RHQ）の事業報告をみると、申請者のうち実際に保護費を支給した人数とその年度の総申請者数にはかなりの開きがみられる（表参照）。申請者数はその年度に申請した者の数であり、審査が継続している者や申請の第一次段階で不認定となったことをうけて異議申立をしている者を加えると保護費が必要な者は更に多くなるだろう。全ての申請者が困窮しているとは一概にはいえないが、就労できる者が限られていることなどから、まとまった収入もなく、保護費の受給もできずに、極めて困窮した生活を送っている申請者は相当数いるだろう[6]。難民は他の移民と比べて辿り着いた国で困難を経験する度合いが高く、抱える問題がより深刻な傾向にある[7]。その背景には紛争や迫害などによる心的外傷を負っていたり、母国を離れる前に渡航先の言葉の習得や情報の収集、家族との離別にあたっての心の整理や必要な荷物の準備をすることができないことに加え、移住した国で十分な援助を受けられないことも含まれる。

表　各年度の難民申請者数と保護費支給状況[8]

年度	申請者数	保護費受給者数（うち新規）
2006	954	190（138）
2007	816	205（109）
2008	1599	404（302）
2009	1388	583（390）

財団法人アジア福祉教育財団難民事業本部の平成 18 年（2006 年）から 21 年（2009 年）の事業報告を参照に筆者作成

3. 難民申請者とソーシャルサポート

　難民として認定された者や申請者の中には、同じ国の出身者や同じ民族で集住して生活するエスニック・コミュニティの形成がみられる[9]。集住化の背景には、母語のネットワークの形成や情報、就労、住居、エスニック・フードへのアクセスが比較的容易であるといった生活の便宜性や精神的安定を求めることに加え、難民を受け入れる体制が不十分な日本社会で生き抜くための相互扶助を得ることがある[10]。エスニック・コミュニティでは、コミュニティ・メンバー間での日常生活費や用具の貸し借り、仕事の斡旋、日本語が不自由な者に対する通訳や様々な手続きの代行、自治体や支援団体への橋渡し、不安を抱えるメンバーへの情緒的支援等の提供がみられる[11]。こうしたコミュニティによる相互扶助の機能は、いわゆる「ソーシャルサポート」といえる。

　ソーシャルサポートの基本的機能には、愛されている、守られていると感じることのできる、傾聴、共感、励ましといった「情緒的支援機能」や、家事の手伝いや金銭的支援といった有形の「道具的支援機能」、そして様々な情報を提供する「情報提供機能」、「教育機能」などがある[12]。ソーシャルサポートは、一般的に、「家族や友人、社会の中で同じ悩みや課題を抱える者同士(Peer)、そして専門家もふくんだ個人をとりまく周囲の人々とのやりとり」とされる[13]。また、U. GeorgeとF. Chaze[14]は、カナダにおける南アジアからの女性移民の調査から、「同じ体験をした移民仲間同士の失敗体験を含む実体験にもとづく情報の共有が最も実質的な援助である」とインフォーマルなサポートの重要性を強調している。特に、同じ文化背景や経験、境遇におかれた者で構成される集団には、移民がしばしば体験する「社会的なつながりの喪失」や「母国での資格や職業経験が認められず仕事に就けない」、「自分のもっている知識やこれまでのやり方が通用しない」、「差別や偏見にさらされる」といったことを背景に生じる「うつ状態」、「精神疾患の発症」といった精神的危機を予防する機能があることも指摘されている[15]。エスニック・コミュニティの影響はこうした肯定的なものばかりではないという指摘[16]があるものの、これまでの日本の難民受入れあるいは定住支援施策は、こうしたエスニック・コミュニティによるソーシャルサポートに補完されてきたと言える。

4. 難民申請者出身国の多様化

　1980年代半ばまでの日本の難民受入れは、ベトナムを中心とするインドシナ難民であった。1990年代半ばからは、主な申請者の出身国は他のアジア諸国へと移り、難民申請件数が初めて300件を超えた2001年の申請者の出身国は、トルコ、アフガニスタン、パキスタンが全体の70パーセントを占めている[17]。その後も、ミャンマー出身者が単独で過半数を超えるなど、申請者がこうした一部の国に集中する傾向は現在も続いている。

　しかし、近年の傾向として、申請者の大幅な増加に伴う申請者出身の多様化も窺える。

2007年の第168回臨時国会での福島瑞穂議員質問への回答によれば申請者出身国数は2004年から2007年で34か国であったのに対し、2010年の法務省の報告[18]では単年度で47か国、同じく2011年の報告[19]では51か国と着実に増加傾向にある。特に、2002年[20]および2003年[21]の法務省入国管理局報告や難民支援協会[22]の相談・支援の登録者を見るとアフリカ諸国からの申請者の増加が顕著であることがわかる。アフリカ諸国を中心とする新たな地域からの申請者はまだ少数であり、現状ではインドシナ難民やミャンマーからの難民にみられるような相互扶助をおこなう活発なエスニック・コミュニティは少ない。つまり、コミュニティによるソーシャルサポートが得られない難民あるいは申請者が以前よりも増えており、こうした状況をふまえたうえでの申請者の生活支援や認定者の定住支援が必要となっているのだ。

5. 難民の「ソーシャル・グループワーク」

これまでに移民や難民を多く受け入れてきた国々では、グループワークを活用した難民の支援がとりくまれている[23]。グループワークは、社会福祉分野をはじめ、医療や臨床心理分野、社会教育の場などにおいて、今日ひろくとりくまれている対人援助手法である。社会福祉分野においては、「ソーシャル・グループワーク」と呼ばれ、その定義や方法は、対象や目的に応じて様々であるが、グループの参加者は「メンバー」と呼ばれ、「グループの力動を媒介として個人の成長や問題を解決する対人援助の専門技術」が共通の概念となっている（以下、グループワークという）[24]。エスニック・コミュニティのない、あるいはそれに所属することができない申請者に対してソーシャルサポートを提供するためのオルタナティブとして、こうしたグループワークを通して意図的に形成された集団が考えられる。

ただし、これまでに難民を対象としてとりくまれるグループワークは、女性、思春期の若者や子どもといった性別や世代別、ドメスティック・バイオレンスの被害者といった個人が直面する問題別など様々な者を対象としつつも出身国や民族、言語や宗教といったエスニックな共通基盤のうえに構成されていることが多い。今回、筆者が難民支援協会と共同でとりくんだグループワークは、エスニック・コミュニティのない難民申請者ということが唯一の共通基盤であり、出身国や民族、母語や宗教などが異なる者で構成されるという実験的な試みであるが、難民支援協会がこれまで不定期におこなってきた閉じこもりがちな難民を対象にした集団でのとりくみは、結果として同国出身者等のコミュニティがないか、あっても所属できない者が主となっており、参加者からは活動の継続を希望する声が多かった。

今回のとりくみは、2011年4月から開始された[25]。グループは「オープントーク」と名付けられ、月に2回の開催を原則とし、メンバーが決めたテーマについて、体験や意見を自由に話す形式とした。毎回の参加は平均6名、メンバーの出身地域はアフリカがもっとも多いが、アジア、中東出身者もいる。性別は男性が若干多く、年齢は20歳代から50歳代で、ほとんどが独身か日本では単身生活を送っている。ファシリテーターとしてスタッフが1名、その補助に1〜2

名が参加する。メンバーの母語は、フランス語、英語、他の言語であるが、メンバーの多くが英語を話せることから、セッションは主として英語でおこない、英語を話さないメンバーのために、ファシリテーターが英語で話した後に日本語で解説、もしくは補助のスタッフが日本語で通訳をしている。メンバーの経済的な負担に配慮して、往復の交通費と軽食を提供しメンバー全員で食べている。

6. 語られた申請者の状況とグループワークの効果

　これまでオープントークで話し合われたテーマは、難民申請手続きや収容といった難民認定に直接関わること、政府からの保護費、医療や就労、住居といった生活に関することを中心に、日本語の学習、大学や大学院への進学や奨学金制度などについても話し合われた。悩みや境遇を共有する申請者同士で話し合うため、申請者とスタッフの1対1の関係では遠慮して語られることが少ない状況や本音が語られている。

　今回記載したメンバーの語りは、2010年4月から2011年1月までの記録からまとめている。記録の公開に関しては、グループワークの開始時に、話した内容を難民申請者の処遇改善の資料として使用することがあること、その際には誰が発言したことかがわからないようにすることを説明し了承を得た。さらに、記載した名前は仮名であり、内容は本質が変わらない程度にいくつかの発言を合わせて作成している。

(1) 収容施設の処遇への不満、収容への不安

　ミエナ：難民申請が却下されれば収容されるのですか。収容施設は、刑務所のようなところですか。
　ジーナ：申請が認められず、収容されたら本人が国に帰るというまで収容され続けるのですか。本国に戻れない難民は、国に帰るということが言えないので、ずっと収容されることになるのでは。

　メンバーは、審査の結果を長い間待っている者や、難民申請が却下され異議申立をしている者であり、いつ収容されるのかという不安を常に抱えている。実際に入国管理局に収容された経験がある者もおり、収容施設での処遇に対する不満や再び収容されるのではといった不安が頻繁に語られる。

　グループワークでは、こうした不安に関して、収容を経験した者から施設の様子を聞くことができる。収容を体験した人が現在は自分の目の前にいることで、全ての不安を拭いきれないまでも、幾ばくかの安心感を得ているようである。

セヘロ：私は以前収容されていました。収容施設には薬物所持で刑務所にいた人もいましたが、収容所のほうがましだと言っていました。心配なこともあるでしょうが、シャワーもあります。食べるものもあります。だから、気持ちを強く持ってください。

(2) 政府の保護費支給に関する不安や困窮する生活について

レオン：日本政府から保護費をもらっていますが、4か月が期限だと言われました。私は、仕事も許可されていないし、蓄えもありません。政府からの援助がなくなるとどうやって生活するのでしょうか。もし、働いて見つかれば収容されてしまいます。

ビル：政府からの保護費をもらっていますが、電気代やガス代などをひいたら、ほとんど残りません。収容されると眠るところや食べるものもあります。いっそ収容されたほうがいいのではと思いますが、みなさんどう思いますか。

メンバーのほとんどは就労許可がないか、あっても仕事がなく、現在は就労していない。蓄えがある者は一人もおらず、政府の保護費か友人などの支えによってその日をしのいでいる状態である。困窮した生活が続くなかで、こんなに苦しいなら収容されたほうがましなのではと考えることもある。メンバーはこうした不安や生活上の困難を共有し共感し合う。また、グループには親密で安心できる「保護的な環境」が形成されており、普段は誰にも話すことができない心情を語ることができ、慣れない生活やカルチャーショックによる精神的ストレスを軽減し、心的外傷を癒すことにもつながる。このような効果は、個別の支援だけでは限界があることが多い[26]。

ジーナ：私は、保護費をもらって8か月になります。支給のためのインタビューがあるけど、生活が大変なことを話してわかってもらっているから、レオンも大丈夫だよ。

ミエナ：私もビルさんと同じです。家賃も電気代も大変ですよね。でもジーナの話を聞いて安心しました。ビルさんもがんばりましょうね。

(3) 健康や医療に関する不安

オーウェン：医療保険がないので、病院にいけません。難民といってもわかってくれないし、オーバーステイといわれて犯罪者のように見られる。

ミエナ：急に調子が悪くなったらどうすればいいの。病院は診てくれるの。

セヘロ：政府の保護費は病院に行くための交通費は入っていない。だから病気になると生活費も苦しくなる。医療費を申請するための診断書のお金もでなかった。

保護費を受給する申請者に対する医療費の支給は、医療機関に一旦医療費を支払う償還払いが原則となっており、生活費を削って充てる者がほとんどである。また、通院にかかる交通費も支

給の対象外であり、医療費支給の仕組みが生活を圧迫していることが窺える。

 レオン：病院にかかるときはRHQ[27]に知らせると医療費をだしてくれたよ。それから、僕は歯の治療をしているけど、難民に無料で治療してくれるところがあります。JAR（難民支援協会）に聞けば教えてくれるよ。
 ビ　ル：急に調子が悪くなったときは救急車を呼ぶんだよ。お金の話はその後ですればいい。病気が重くなるとお金もかかるから悪くならないうちにいかないと。

 グループワークには、医療費や救急車のアドバイスにみられるような「教育機能」、「情報提供機能」がある。他のメンバーから提供される生活に関する知識は、慣れない環境でのリスクを軽減する[28]。

（4）理解されないことへの不安

 ミエナ：夏は暑かったので地下鉄に乗り、ひと駅毎に降りてホームで涼んで一日を過ごすこともありました。周りの人に何か聞かれたらどうしようかと不安でした。
 ジーナ：お金もないので、家の中にずっといます。言葉の問題でコミュニケーションもとれないし、相談もできない。日本に来て何もわからず、結果的にオーバーステイになるけど、本当はそんなことしたくない。でも母国を離れた理由は誰にでも話せることじゃないので、難民のことをなかなか周りに理解してもらえない。
 セヘロ：収容施設には薬物所持で逮捕された人もいました。私たちは犯罪者と一緒ですか。オーバーステイになると犯罪者扱いされて誰も助けてくれない。
 ビ　ル：難民申請が認定されなければ、いずれオーバーステイになる。だから自分の将来がとても不安です。帰りたくても帰れないのに、オーバーステイと言われて犯罪者扱いされるのはとても嫌だ。
 モナシュ：一晩中、未来について考えていました。祖国にも帰れず日本にも受け入れてもらえず、どこへいけばいいのでしょうか。ずっと考えて眠れなくなります。

 申請者は社会とのつながりが弱く、日常生活をおくるうえで居場所がないことがストレスとなる。また、日本語を学ぶ機会や就労などによる日本人との交流も少ないことから日本語でのコミュニケーションに不安を抱えている。特に、迫害や暴力をうけた経験をできるだけ話したくないと感じる者も多く、周囲に心情を理解されにくい。迫害などから逃れてきたにもかかわらず、移住先で犯罪者のように扱われることは、二重に迫害をうける体験でもある。こうした背景によって、少なくない申請者が日本社会になじめず、疎外感を感じている。グループワークのメンバーが語る不安には、母国に帰ることも日本社会に受け入れられることもできず、未来が見えないことが根底にあり、グループが唯一のこうした心情を語り合える場となっている。

(5) 申請者が語る希望

　グループワークで語られる申請者の思いは、不安ばかりではない。難民として認定されたら、あるいは申請中であっても教育をうけたいと日本語の習得や大学（院）への進学に興味をもっている者もいる。就労への希望も強く、その理由として経済的にも苦しい中でまとまった収入を得たいという思いもあるが、政府の保護費に頼るのではなく自分の力で生活したいという意識も大きい。

　ビ　ル：大学院へ進学をしたいと思っています。母国では英語を学び、英語の教師もしていました。難民がうけられる奨学金について知りたいです。
　ジーナ：（大学に英語で受講できる講義もあると聞いて）日本語ができないので、大学は無理だと思っていました。難民申請者でも聴講とかできないのでしょうか。
　レオン：週に2回、日本語教室に通っています。授業は全部日本語でとても難しいです。でも日本語ができないと仕事もコミュニケーションもうまくいきませんからがんばります。
　セヘロ：就労を認めてほしい。就労できれば、政府の保護費にも頼らず、日本政府に迷惑をかけることもない。

7. グループワークの効果と今後の課題

　グループワークでは、ここでとりあげた発言の他に、母国料理に必要な食材の入手先や食料や家具などを安く手に入れる方法など、公には入手できない情報や個人の体験による助言などが交換される。グループワークでは、情報の受け手が利益を得るだけでなく、「自分の提供した情報を他のメンバーが喜んでくれ、グループに貢献できた」といった情報提供側が「自己肯定感」を得る効果もみられる。メンバーは、グループワークによって様々な情報が入手できることや他者の経験から学べることに加えて、体験や感情の共有の場となっていることを高く評価している。

　あるメンバーは、「JARのAさん（生活支援スタッフ）が忙しいことは知っている。だから孤独で寂しいだけでは時間をとらせるわけにはいかない。オープントークは何もなくてもみんなに会えて、遠慮なく自分の話ができる」と語っている。この発言は、申請者の社会的な孤立は個別の支援だけでは対応することができないことを示唆していると同時に、グループがメンバーの所属できる場所となりつつあることを窺わせている。

　一方、一部の英語で話すことができないメンバーにおいては、グループには満足していると語っているものの、「母語で話せるならもっとしゃべりたいことがある」と述べており、通訳の導入も今後の検討課題である。また、現在のところメンバー同士が顔を合せるのはグループワークが

開かれるとき以外は稀で、日々の生活における生活費や日常生活用具の援助、就労先の斡旋などの相互扶助も今のところみられない。その理由としては、各メンバーが、現状のグループの機能で満足している、グループの歴史が浅く集団の凝集性が高まっていないことが考えられる。さらに、全てのメンバーが経済的に困窮しており生活費や日常生活用具に関する相互扶助は困難であり、頻繁に集まるための交通費をまかなう経済的な余裕がないことなどの申請者の社会的な状況も大きい。

今回のとりくみでは、グループワークの「情報提供機能」や「教育機能」、「情緒的支援機能」が確認できた。一方、申請者のグループワークに「道具的支援機能」が可能かは今後も検討が必要である。

最後に、GlassmanとSkolnik[29]は、グループワークによるメンバー自身の力を実感できる体験や成功体験などを通して、メンバーのエンパワメントが高まり、自分が困難な状況におかれている社会構造を変革する行動である"social action"につながると述べている。日本社会の中で難民がおかれている厳しい状況を変革するためには、難民自らが行動することが不可欠である。オープントークのあるメンバーは"Open Talk made me stronger"と述べており、エンパワメントの高まりが感じられる。ただし、本論では、グループワークの効果を大まかに捉えたにすぎない。今後は、効果のより詳細な検証と申請者を対象としたグループの支援技法についても検討が必要と感じている。

※ 本論は、文部科学省科学研究費補助金基盤研究（C）課題番号 21530579 から助成をうけておこなった先行研究及びグループワークの参与観察と個別インタビューをもとに作成した。インタビューに答えていただいた申請者の方、グループワークの記録作成やインタビューの補助をしていただいた難民支援協会に深謝いたします。

1　法務省入国管理局「難民関係公表資料 難民認定審査処理期間の公表について」2011 年。
2　石川えり「日本の難民受け入れ──その経緯と展望」駒井洋監修・編著『国際化のなかの移民政策の課題』明石書店、2002 年、208〜251 頁。
3　山村淳平「法務省・入管収容所での人権侵害──医師による実態報告」『法学セミナー』609 号、2005 年、70〜74 頁；同「日本の難民の医療状況──医療相談をとおして」『公衆衛生』70 巻 5 号、2006 年、69〜74 頁。
4　2001 年 9 月から翌年の 2 月にかけておこなわれた難民申請者等の生活状況調査（アジア福祉教育財団難民事業本部委託／難民支援協会「難民認定申請者等に対する生活実態調査」2001 年度調査）では、対象者の約半数が仕事をしていないと答えている。
5　生活費として 1 人につき日額 1,500 円（12 歳未満半額）、住居費は月額 40,000 円（単身）から 60,000 円（4 人世帯）、医療費は 40,000 円までを実費償還払いで支給し、予算額を超える場合は、外務省に確認が必要。
6　申請者数の増加と難民手続きの長期化によって申請者に対する保護費の予算が不足し、2008 年には支給が一時停止される事態も起こっている。その後保護費の支給は再開されたものの十分な予算が確保されたわけではない（「困窮者への生活費支給滞る」『共同通信』2008 年 12 月 5 日）。
7　Potocky-Tripodi, M., *Best Practices for Social Work with Refugees and Immigrants,* Columbia University Press, 2002, pp. 17-20.
8　財団法人アジア福祉教育財団「平成 18 年事業報告書」（http://www.fweap.or.jp/jigyouhoukoku18.htm）；同「平成 19 年事業報告書」（http://www.fweap.or.jp/jigyouhoukoku19.htm）；同「平成 20 年事業報告書」（http://www.fweap.or.jp/

jigyouhoukoku20.htm）；同「平成21年事業報告書」（http://www.fweap.or.jp/jigyouhoukoku21.htm）。

9 新宿区のビルマ・コミュニティ、埼玉県のクルド・コミュニティ、群馬県のロヒンギャ・コミュニティなど（櫻井美香「難民の生活支援とは──社会資源を中心に」森恭子監修『外国人をめぐる生活と医療』現代人文社、2010年、22頁）。現在は難民に限定されていないが、インドシナ難民の定住促進センターを拠点に集住することで形成されるエスニック・コミュニティがある（武田丈「エスニック・コミュニティ・ベースド・ソーシャルワーク・プラクティスの可能性──兵庫県下の3つのエスニック・コミュニティに関するケース・スタディからの提言」『関西学院大学社会学部紀要』92号、2002年、94～97頁）。

10 川上郁雄「『インドシナ難民』受け入れ30年を振り返る──私たちは何を学んだのか」川上郁雄ほか『日本の難民・避難民受け入れのあり方に関する研究』東京財団研究報告書、2005年5月、68頁。

11 長谷部美佳「結婚移民に対する移民ネットワークと移民コミュニティの役割──インドシナ難民の配偶者の事例から」『社会学論考』31号、2010年、16～17頁；武田・前掲注9、89～101頁。

12 Helgeson, V. S., "Social support and quality of life," *Quality of Life Research*, 12, 2003, Supplement 1, p. 25.

13 Simich, L., Beiser, M., Stewart, M. & Mwakarimba, E., "Providing Social Support for Immigrants and Refugees in Canada: Challenges and Directions," *Journal of Immigrant Health.*, 7(4), 2005, p. 259.

14 George, U. & Chaze, F., "'Tell me what I need to know': South Asian Women, Social Capital and Settlement," *Journal of international migration and integration*, 2009, 10(3), p. 277.

15 Canadian Task Force on Mental Health Issues Affecting Immigrants and Refugees, *Review of the literature on migrant mental health*, Health and Welfare Canada, Multiculturalism and Citizenship Canada, 1988, p.14.

16 Montgomery, J. R., "Components of refugee adaptation," *International Migration Review*, 30, 1996, pp. 691-962; 長谷部・前掲注11、16～17頁。

17 法務省入国管理局「平成13年における難民認定者数について」（http://www.moj.go.jp/nyuukokukanri/kouhou/press_020201-1.html）；同「平成15年における難民認定数について」（http://www.moj.go.jp/nyuukokukanri/kouhou/press_040227-1_040227-1.html）。

18 法務省入国管理局「平成21年における難民認定者数について」（http://www.moj.go.jp/nyuukokukanri/kouhou/100226-1.html）。

19 法務省入国管理局「平成22年における難民認定者数について」（http://www.moj.go.jp/nyuukokukanri/kouhou/nyuukokukanri03_00077.html）。

20 法務省入国管理局「平成14年における難民認定者数等について」（http://www.moj.go.jp/nyuukokukanri/kouhou/press_030207-1.html）。

21 法務省入国管理局・前掲注17「平成15年における難民認定者数等について」。

22 アフリカ諸国出身者が40％と報告されている（難民支援協会「難民支援協会──2008年度年次報告」2009年、3頁）。

23 Breton, M., "The Relevance of the Structural Approach to Group Work with Immigrant and Refugee Women" *Social Work with Groups*, 22(2/3), 1999, pp. 11-29; Berger, R., "Group work with adolescent immigrants" *Journal of Child and Adolescent Group Therapy*, 1996, pp. 169-179; Kinzie, J. D., Leung, P., Bui, A. & Rath, B., "Group therapy with Southeast Asian refugees," *Community Mental Health Journal*, Summer, 24(2), 1988, pp. 157-166.

24 黒木保博・水野良也・横山穣・岩間伸之『グループワークの専門技術──対人援助のための77の方法』中央法規、2001年、14頁。

25 グループの運営は、独立行政法人福祉医療機構（WAM）の社会福祉振興助成事業からの補助をうけた。

26 Glassman, U. & Skolnik, L., "The role of social group work in refugee resettlement" *Social Work with Groups*, 7(1), 1984, pp. 45-62.

27 難民申請者の保護費支給は、政府の委託をうけてRHQがおこなっている。

28 Glassman & Skolnik, *op. cit.*, pp. 45-62.

29 Glassman & Skolnik, *op. cit.*, p. 48.

寄稿論文

「国内強制移動に関する指導原則」と国内避難民の国際的保護

墓田 桂　成蹊大学文学部（平和研究）

— key words ———————————————————————

国内強制移動、法規範、国内避難民／Internal Displacement, Legal Norms, Internally Displaced Persons

---

　国内避難民の課題が国際社会の関心事となって久しい。1992年には「国内避難民に関する国連事務総長代表」（以下、国連事務総長代表）が任命され、その6年後の1998年にはGuiding Principles on Internal Displacement、「国内強制移動に関する指導原則」（以下、指導原則）が策定された。国連事務総長代表の任命がこれまでの国際社会の取り組みにおける出発点であるならば、指導原則の策定はその一里塚といったところであろう。

　指導原則はこれまで国連を始めとしたさまざまな関係機関や団体によって50あまりの言語に翻訳され、現場で使われてきたが、紛争避難民を抱えた国や地域の言語での訳が多くを占めており、日本語訳は存在しなかった。日本は、震災に直面することはあっても、紛争による国内避難民の発生に直面することもなく、日本語版の不在はある意味では当然のことかもしれない。しかし、世界有数のドナー国である日本は、人間の安全保障を重視した外交政策を行っており、平和構築活動などを通じて国内避難民と接点をもつ機会は一段と多くなった。日本のNGOが世界各地の国内避難民の支援に携わる機会も確実に増えた。それにもかかわらず、条約などの国際文書とは異なり、指導原則というユニークな文書の性質上、これが日本語に翻訳されることはなかった。

　このような状態を打開すべく、筆者が翻訳を思い立ち、他の研究者や実務者に声をかけて、翻訳のための作業チーム（「GPID日本語版作成委員会」）を立ち上げた。11カ月にわたる作業の末に完成した指導原則の日本語版は、成蹊大学アジア太平洋研究センターの紀要（『アジア太平洋研究』35号、2010年）に掲載され、また、ブルッキングス研究所の助成を得て冊子の形でも発表された[1]。

　日本語版の完成を受けて、本稿では、指導原則の策定の経緯を振り返るとともに、その内容を紹介し、指導原則の成果と課題、策定過程に見出せる意義をあらためて考察してみたい[2]。

1. Guiding Principles on Internal Displacement 作成の経緯

　国内避難民の保護に関する国際法上の問題点は、難民の保護の場合と比較して語られることが多い。難民の場合は、1951年の「難民の地位に関する条約」、1969年の「アフリカにおける難民問題の特殊な側面を規定するアフリカ統一機構条約」、さらには1984年の「難民に関するカルタヘナ宣言」といった文書が保護の法的枠組みを提供している。しかしながら、国内避難民の保護においては、そうした拠り所になるような条約は存在しなかった。たしかに、国際人権法や国際人道法の諸条約は、生存権や社会権、非差別の原則など、国内避難民の保護に必要とされる一連の規範を提示している。その意味においては、これらの条約は国内避難民の保護の法的基盤を提供しうるのだが、これらは国内避難民の問題に特化した条約ではなく、また、規範が散在しているのが実際のところであった。帰還や再定住、身分証明書の発行など、国内避難民が直面するであろう具体的な問題についても、これらの文書から漠然とした原則は引き出せても、明示的な解決策が提示されているわけではない。また、条約の適用可能性や実効性の面から論じるならば、国内避難民の保護に援用できるような既存の条約があったとしても、慣習法となった一部の規範を除いては国家が批准している必要があり、仮に批准していたとしても、とりわけ紛争や緊張状態にあっては条約の実効力のみに期待することはできない。つまり、遵守させるための取り組みが別途、必要となる。したがって、国内避難民の保護を実現するには、散在している法規範の集約、そして、その遵守の確保という、異なる次元の課題を解決せねばならなかったのである。

　その課題に取り組んだのが、「国内避難民に関する事務総長代表」を務めたフランシス・デン（Francis Deng）とその協力者たちであった。1992年、国連事務総長によって国内避難民の問題を検証するための representative が任命され、そのポストはやがて「国内避難民に関する事務総長代表」として制度化していくのだが、初代のデン代表が真っ先に取り組んだのが規範の検証と集約であった。「既存の法が国内強制移動の必要にとって十分であるようだとしても、既存の規範の集約（consolidation）と検証（evaluation）は有用なことであり、存在しうる欠如を埋め合わせるための基盤を提供するだろう」[3]との観点から、国内避難民に関連する既存の法規範についての検証が行われた。その過程において、ヨーロッパ（オーストリア）の専門家とアメリカの専門家のそれぞれのアプローチが対立したものの、後に2代目の事務総長代表を務めることになるヴァルター・ケーリン（Walter Kälin）教授がその調整を担った[4]。そして、1995年12月には検証作業の成果物である『法規範の編纂と分析』[5]を人権委員会に提出する。ここでの研究が基となり、1996年に入ってからは国内避難民の保護に関する規範的枠組みの構築が進められた。原案がまとまったのは1998年の1月のウィーン会合での最終調整であった。そして、翌2月、代表による報告書の附属書に記載され、Guiding Principles on Internal Displacement と題した文書が人権委員会に提出されたのである。

2. 内容の紹介

　このような経緯で作成された指導原則は、「世界各地に存在する国内避難民の具体的な必要に対処するもの」（序1）として、国内避難民が直面すると思われるさまざまな状況を想定し、国内避難民の権利と保障を特定するとともに、国内避難民の保護や援助に携わるさまざまなアクターに指針を示すことを目的としている。世界人権宣言のように、30の原則からなる簡潔な内容である。
　まず、指導原則の構成であるが、以下のとおりとなっている。

　　序　　　範囲および目的
　　第1部　一般原則　　　　　　　　　　　　　　　　　（原則1～原則4）
　　第2部　強制移動からの保護に関する原則　　　　　　 （原則5～原則9）
　　第3部　強制移動が継続する間の保護に関する原則　　 （原則10～原則23）
　　第4部　人道的援助に関する原則　　　　　　　　　　 （原則24～原則27）
　　第5部　帰還、再定住および再統合に関する原則　　　 （原則28～原則30）

　指導原則は、国内強制移動の事象を時系列的に扱っているのが特徴的である。すなわち、第2部「強制移動からの保護に関する原則」、第3部「強制移動が継続する間の保護に関する原則」、第4部「人道的援助に関する原則」を挟んで、第5部「帰還、再定住および再統合に関する原則」というように、国内強制移動のサイクル[6]に沿って国内避難民の権利や保障、またはそれに携わるアクターの義務を述べる。
　個々の原則については、紙幅の関係ですべてを取り上げることはできないので、とくに重要と思われるものに絞って説明する。
　まず、指導原則の「範囲および目的」を述べる序であるが、指導原則は「強制移動からの人々の保護に関連する権利および保障ならびに強制移動が継続する間ならびに帰還または再定住および再統合の過程における人々の保護および援助に関連する権利および保障を特定する」ことを目的とする（序1）。また、「国内避難民」の概念については、「特に武力紛争、一般化した暴力の状況、人権侵害もしくは自然もしくは人為的災害の影響の結果として、またはこれらの影響を避けるため、自らの住居もしくは常居所地から逃れもしくは離れることを強いられまたは余儀なくされた者またはこれらの者の集団であって、国際的に承認された国境を越えていないもの」と捉える（序2）。
　第1部「一般原則」では、平等や不差別といった、人権法や人道法でも謳われる諸原則を述べる。注目したいのが原則2(2)である。「他国に庇護を求め、かつ、他国においてこれを享受する権利を害するものではない」と述べ、国内避難民に対する保護や援助に関する活動が庇護申請者の認定拒否の理由となることを牽制する。また、原則4(2)では国内避難民の中でも特別の事情を有する人びと（女性、児童兵、保護者のいない未成年者、老人、障がいをもつ人）にも目を向けるなど、

細かな配慮も忘れない。

　第2部「強制移動からの保護に関する原則」であるが、注目すべきは原則6であろう。「すべての人は、自らの住居または常居所地からの恣意的な強制移動から保護される権利を有する」（原則6(1)）として、禁止される恣意的な強制移動を例示している（原則6(2)）。とりわけ「強制移動が、影響を受ける住民の民族的、宗教的もしくは人種的構成を変更することを目的とするまたは変更する結果となるアパルトヘイト、『民族浄化』もしくは類似の慣行の政策に基づく場合」（原則6(2)(a)）に言及し、旧ユーゴスラビアなどで行われた恣意的な強制移動を禁止している。他方で、「やむを得ないかつ優先的な公共の利益によって正当化されない大規模開発事業の場合」（原則6(2)(c)）に言及するものの、後に述べるように開発と強制移動の論点は指導原則ではやや希薄である。

　続いて第3部「強制移動が継続する間の保護に関する原則」である。ここでは国際人権規約などの国際人権法、ジュネーヴ条約や追加議定書などの国際人道法の条文を繰り返す形で、生存権、身体の安全、児童の徴兵の禁止、移動の自由といった、人権保障の中核となる規範を再確認している（原則10から原則14）。また、適切な生活水準に対する権利（原則18(1)）として、避難生活において必要不可欠となる食糧、飲料水、避難所、住宅、衣類、医療サービス、衛生設備といった事項を例示している（原則18(2)）。また、必要な書類の発行を受ける権利（原則20(2)）、財産権（原則21）、教育を受ける権利（原則23）のいずれの規定も国内避難民にとっては重要な権利保障の項目である。

　第4部「人道的援助に関する原則」は国内強制移動のすべての段階にあてはまる原則を述べる。ここで重要と思われるのは原則25である。「国内避難民に対して人道的援助を与える第一義的な義務および責任は、国家当局に帰属する」と述べ、国内避難民に関する国家の責務を強調する。これはデン元代表が唱えた「責任ある主権」を反映した原則である。その上で外部アクターの役割について、「国際的な人道的組織およびその他の適切な主体は、国内避難民を支援するために役務の提供を申し出る権利を有する」と述べる（原則25(2)）。人道的危機においては外部のアクターによる被災者へのアクセスが阻害される状況も発生するが、当該国に対して人道的援助の受け入れを促す原則である。原則25(2)は「そのような申出は、非友好的な行為または国家の内政への介入と認められず、（中略）特に関係当局が必要とされる人道的援助を与える能力または意思を有しない場合には、その申出に対する同意は恣意的に保留されてはならない」と述べる。

　最後に、第5部「帰還、再定住および再統合に関する原則」は、恒久的解決の道筋を示す。帰還、再定住および再統合に関する管轄当局の義務（原則28）、さらには「国内避難民が（中略）自らの財産および所有物を可能な限り回復することを支援する義務」（原則29(2)）が明示されている。また、関係当局に対しては、国内避難民の帰還または再定住および再統合において、外部のアクターの国内避難民との「接触の機会」（原文ではaccess）を許可し、容易にすることを求めている。

3. 分析と評価

　1998年に国連人権委員会に提出された指導原則は、条約や国連総会の宣言、あるいは国際会議の公式文書とは異なり、正規の政府間交渉の過程を経た文書ではない。文書の提出を受け、人権委員会が「留意する」(takes note) [7] と控えめに応じたのも無理はない。しかし、その後、有用性が認められ、広範な支持を得て、国家間関係においても浸透していくことになる。例えば、国連安全保障理事会は、ブルンジ情勢に関する決議1286（2000年）において、「アフリカにおいて国連機関などが受入国政府と協力して指導原則を使用している事実に留意する」と述べ、指導原則が受け入れられている事実に言及した。さらには、2005年の世界サミットの成果文書においては、指導原則は「国内避難民の保護のための重要な国際的枠組み」であるとの認識が示されるのである [8]。

　ここではまず指導原則の内容そのものについて分析と評価を行ってみたい。波及効果と策定過程についての論評は、後に詳しく行うことにする。

　これまで「国内避難民」というカテゴリーや「国内強制移動」といった事象に明示的に言及した国際文書が存在しなかった状況に鑑みれば、国連事務総長の名代によってこうした文書が策定され、国内強制移動の問題が公に認知されたことは大きな前進であった。しかも、先述のとおり、指導原則は国内避難民に関するさまざまな状況を想定し、具体的な道筋を示している。当該国政府が国内避難民の保護や援助を実施するには、法律や業務計画などのさらに詳しいルールが必要となる場合があるが、そのルール作りの参考になるような諸原則が示されたことの意義は大きい。

　また、既存の法が明示していないような基準について、より明確な基準を打ちたてようとする立法的な貢献も指摘できよう。指導原則の序3が「これらの原則は、国際人権法および国際人道法を反映し、かつ、これらの法と合致している」と述べるように、指導原則は基本的には既存の国際法の規範に基づくものである。ケーリン教授自身、指導原則は新しい法を作るものではない旨を強調してきた [9]。しかし、まったく新しい法を作るものではなかったとしても、指導原則は規範の明確化を図っており、また、一部の項目については、これまでになかったようなルールを設定している。既存の法規範の精神に基づき、あるいはそのアナロジーを用い、指導原則は部分的には「あるべき法」(de lege ferenda) を示していると見るべきだろう。例えば、「恣意的な強制移動」の禁止（原則6）、「自らの法的権利の享受および行使に必要なすべての書類」についての権利（原則20(2)）、あるいは難民保護のアナロジーで述べられる「自らの生命、安全、自由もしくは健康が危険にさらされるおそれのあるあらゆる場所への強制送還または当該場所における再定住から保護される権利」（原則15(d)）はいずれも画期的である。また、第5部の「帰還、再定住および再統合に関する原則」は、難民の恒久的解決としてUNHCRの執行委員会で唱えられてきた「本国への帰還」「第三国定住」「受入国での定住」をそのまま国内避難民の文脈に当てはめたものと理解できるが、既存の条約の条文からここまでの原則は導き出せないだろう。

　また、国家の責任を強調しているのも指導原則の特徴の一つである。デン氏は「責任としての

主権（sovereignty as responsibility）」という概念を提唱したが[10]、その考えは指導原則に余すところなく反映されている[11]。しかし、非国家アクターが主導した策定プロセスであるにもかかわらず、NGOの役割よりも主権国家の役割がむしろ強調される結果となったという指摘もある。指導原則の「逆説」であろう。

4. 指導原則がもたらしたもの、そうでないもの
　　——成果と課題

　指導原則の波及効果は少なくない。まず、指導原則が触媒となって、各国で国内避難民に関する法制度の整備が進んだことを指摘したい。条約が国内法に還元されることによって実効性をもつのと同様に、指導原則が国内法に還元され、条約と同じとは言えないまでも類似の役割を果たした。1998年以前に国内避難民に関する法を整備していた国も一部にはあるが、特に指導原則が策定された1998年以降、国内避難民に関連する法令や政策が各国で充実した。アンゴラ、イラク、ウガンダ、グルジア、シエラレオネ、スーダン、スリランカ、セルビア、トルコ、ネパール、ブルンジ、ペルー、リベリアなどの国内避難民を抱える国々においては、国内避難民に関する法令、あるいは政策（計画、戦略、ガイドラインなど）の策定において指導原則が参考となり、指針をもたらした。

　また、指導原則は、アフリカにおいては条約策定という形に進展していく。2006年には大湖地域国際会議で「国内避難民の保護と援助に関する議定書」が採択され、また、2009年にはアフリカ連合によって「アフリカにおける国内避難民の保護および支援のためのアフリカ連合条約」が採択されている。2006年の議定書は、参加国による指導原則の採択と実施を確保するために「大湖地域における法的枠組みを設置する」（第2条(1)）ものであり、附属として法令化の雛型を掲げている。

　ちなみに、指導原則が慣習法となったか否かについての議論もあるが[12]、今後の諸国家や国際機関の実行と、これらの実行における法的信念の有無を慎重に見極める必要があろう。

　指導原則が法令化を含めたアドボカシー活動の中核的な存在となったことも特筆すべき点である。事務総長代表が各国政府の代表と対話を行うにあたり、指導原則は国内避難民の保護を促すためのツールとなった。シンクタンクやNGO、国際機関にとっても、各国政府との協議や国内避難民に向けた啓発活動における中心的な存在となった。子どもの人権を促進するには「児童の権利に関する条約」が必要なように、または、飛躍した例えかもしれないが、社会運動や宗教においては拠り所となる思想や書物が必要なように、国内避難民の取り組みにおいても拠り所となる思想（「責任としての主権」）や文書（指導原則）が必要だったと思われる。指導原則が立法化の礎を提供しただけではなく、アドボカシーや対話の重要な手段となってきたことも見落としてはならない点である。

　しかし、課題も残されている。指導原則自体には法的拘束力はなく、指導原則の権威を無視し、

国内避難民を保護する意思のない国に対してはこの文書は無力のままである。ただ、それは条約であっても同じことであり、人権規範を無視する国家に対しては永遠の課題である。この点に関して、スーザン・マータン（Susan Martin）の整理は興味深い。彼女は、①保護する意思も能力もある政府、②保護する意思はあるが、能力がない政府、③能力に関係なく、保護する意思のない政府、④保護する意思も能力もない政府の4つのパターンに分けた[13]。能力の有無にかかわらず、保護する意思がない国に法規範の遵守を求めることは高いハードルである。指導原則の策定が法規範の集約と明確化にはつながったものの、遵守の確保は今後も残された課題である。

　もう一つは、指導原則の内容についてである。文書の名称が示すように、30の「原則」を簡潔に述べたものであり、実施のための規定は想定されていない。例えば、日本との関連で考えてみるならば、災害時の政府の対応や被災者支援について細かく定めた日本の法令に比べれば、指導原則の内容は極めてシンプルである。原則論を述べた指導原則においては詳細な状況設定はなされておらず、当事国の状況に合わせて細かな規定を設定していく必要がある[14]。また、そのための情報の共有も重要である。

　さらに、指導原則が作られた1990年代という時代背景に鑑みれば仕方のないことかもしれないが、指導原則は、紛争避難民に重点を置いた内容となっていることも指摘しておきたい。例えば、気候変動や自然災害による強制移動においては、紛争という要素が加わらない限り、原則10で述べられる「ジェノサイド」「殺人」「略式または恣意的処刑」「死の脅迫を伴うまたは死に至らしめる強制失踪」といった項目はさほど必要ないようにも思われる[15]。また、特に途上国内において強制移動の原因の一つとなっている人身売買や不法労働を目的とした誘拐（およびこれらからの逃避）については、関連する記述（原則11(2)(b)）はあるものの、やや物足りない。さらには、開発による強制移動の問題については、原則6(2)(c)は「やむを得ないかつ優先的な公共の利益によって正当化されない大規模開発事業」に伴う強制移動を禁じているが、指導原則はこの問題には深く踏み込んではいない。開発事業による強制移動の問題については、むしろ「開発に基づく立ち退きおよび強制移動に関する基本原則およびガイドライン」[16]に指針を求めるべきだろう。

5. 結語にかえて

　最後に、指導原則には、国内避難民の保護と援助という直接的な貢献以外にも、副次的な、しかし重要な意義があることを述べておきたい。

　指導原則の作成にあたっては、あえて条約の作成という目標を設定しなかった。1990年代前半は国内避難民の課題が議論され始めた頃であり、そのような機運はまだなかった。オーストリア政府やノルウェー政府の関与はあったものの、文書の策定プロセスを牽引したのは主にシンクタンクや大学の研究者、NGOなどの非国家のアクターであり、また、最終成果物は専門家文書という形をとった。条約という形に拘泥しなかったのは賢明な判断であった。これらの非政府のアクターが条約を作るだけの条件を備えていないこともさることながら、年月と労力をかけて条

約を作ったところで、その実施や遵守があらためて問題となるのであれば、国内法の整備に直接訴えるほうが効率的かつ効果的であると考えたのは妥当であろう。指導原則の策定過程とその後の評価は、条約を作成することだけが唯一の問題解決の方法ではなく、指導原則のような文書であっても条件次第では同様の効果が得られることを示している。今後の人権促進のあり方に一つの示唆を与えるものであろう。

　そして、もう一つ、指導原則の策定過程に見られるポスト・ウェストファリア的な動きも指摘しておきたい。国内避難民の課題に関しては、グローバルな社会空間において、事務総長代表、シンクタンク、NGO、大学の研究者といった多様なアクターが有志国の力を借りて、国際社会の取り組みを牽引してきた。そのような過程で生まれた「指導原則」は、狭義の国家間関係を超えたグローバルな社会空間、すなわちグローバル・ガバナンスの価値観を表すものかもしれない。指導原則の作成に携わったアクターは規範推進者（norm entrepreneurs）として 17、国家間関係の現状や制約を認識しつつ、そこでの合意形成を牽引するかのように行動した。国家間協調の枠組みは、グローバルな課題に対応するには「管轄の限界（jurisdictional gap）」「活動の限界（operational gap）」「意欲の欠如（incentive gap）」を抱えていると指摘されるが 18、指導原則にはそうした限界や欠如を克服しようとする努力の跡が見られるのである。

　かつて、ブルッキングス研究所から送られてきたメールに "We are the custodian of the Guiding Principles" という一文があった。Custodian の言葉には指導原則を世に送り出した自負すら感じられる。グローバル・ガバナンスの中で生み出された指導原則は、今後も、当該国政府、国際機関、NGO、シンクタンクなどのさまざまなアクターによって活用され、法制度の整備に貢献しつつ、国内避難民の保護と援助に資するだろう。

1　冊子の PDF ファイルはブルッキングス研究所および国連人権高等弁務官事務所のウェブサイトから入手可能（www.brookings.edu/projects/idp/gp_page.aspx）(www2.ohchr.org/english/issues/idp/standards.htm)。
2　日本語版作成の基本方針、訳文の根拠や出典、参考文献・資料については、墓田桂（GPID 日本語版作成委員会代表）「国内強制移動に関する指導原則――日本語版注釈」『アジア太平洋研究』35 号、2010 年を参照のこと。
3　*Report of the Representative of the Secretary-General, Mr. Francis Deng, submitted pursuant to Commission on Human Rights resolution 1993/95*, E/CN.4/1994/44, 25 January 1994, para. 28.
4　ヨーロッパの専門家のアプローチは国内避難民の権利を重視し、既存の条文に基づくものであり、アメリカの専門家のアプローチは国内避難民のニーズを重視し、慣習法を含めたものであった。このあたりの経緯は Weiss, T. G. & Korn, D. A., *Internal Displacement: Conceptualization and its consequences,* Routledge, 2006 に詳しく描かれている。
5　*Compilation and analysis of legal norms*, E/CN.4/1996/52/Add.2, 5 December 1995.
6　もっともこのサイクルは便宜的なものであって、実際にはより複雑であることは言うまでもない。
7　1998 年 4 月 17 日付決議 1998/50。
8　2005 年の「世界サミット成果文書」（総会決議 60/1、パラ 132）。この文言は、その後の総会決議 62/153（2008 年）および決議 64/162（2010 年）でも繰り返されている。
9　Kälin, W., "How Hard is Soft Law? The Guiding Principles on Internal Displacement and the Need for a Normative Framework," Presentation at Roundtable Meeting Ralph Bunche Institute for International Studies CUNY Graduate Center, December 19, 2001, p. 6.

10 Deng, F. M. *et al.*, *Sovereignty as Responsibility: Conflict Management in Africa,* The Brookings Institution, 1996.

11 指導原則そのものが「責任としての主権」の具現化であるという指摘もある。池田丈佑「『ポスト・アウシュヴィッツ救出原理』としての『保護する責任』」『社会と倫理』22 号、2008 年、36 頁。

12 Schmidt, P. L., "The Process and Prospects for the U.N. Guiding Principles on Internal Displacement to Become Customary International Law: A Preliminary Assessment," *Georgetown Journal of International Law,* 35, 2004, pp. 483-519.

13 Martin, S. M., "Rethinking the International Refugee Regime in Light of Human Rights and the Global Common Good," in Hollenbach, D. ed., *Driven from Home: Protecting the Rights of Forced Migrants,* Georgetown University Press, 2010, pp. 29-30.

14 ブルッキングス・ベルン国内強制移動プロジェクト（Brookings-Bern Project on Internal Displacement）は国内法化のマニュアルを作成している。*Protecting Internally Displaced Persons: A Manual for Law and Policymakers,* Brookings-Bern Project on Internal Displacement, 2008.

15 東日本大震災で避難生活を送る被災住民に、例えば原則 10(1) の「ジェノサイド」「略式または恣意的処刑」「強制失踪」といった文言や、原則 10(2) などの戦闘行為に関わる文言を示すことの意味を筆者は見出せない。しかし、中核となる人権規範は遵守しつつ、指導原則の内容を取捨選択すれば、自然災害における支援の指標（ベンチマーク）やチェックリストとして活用することは十分可能である。その意味では、指導原則の文言を選択的に取り上げた下記の人権 NGO の提言は的を射たものである。ヒューマンライツ・ナウ「東日本大地震に関連する被災者・周辺住民の権利保護のために」2011 年 4 月 5 日（http://hrn.or.jp/activity/20110405_shinsai.pdf）。

16 *Basic Principles and Guidelines on Development-based Evictions and Displacement,* Annex 1 of the report of the Special Rapporteur on adequate housing as a component of the right to an adequate standard of living, A/HRC/4/18, 5 February 2007.

17 Entwisle, H., "Tracing Cascades: the Normative Development of the U.N. Guiding Principles on Internal Displacement," *Georgetown Immigration Law Journal,* 19, 2004-2005, pp. 369-390.

18 Brühl, T. & Rittberger, V., "From international to global governance: Actors, collective decision-making, and the United Nations in the world of the twenty-first century," in Rittberger, V. ed., *Global Governance and the United Nations System,* United Nations University Press, 2002, pp. 21-22.

2010年日本の判例動向

1. 概要

2010年に下された日本の難民訴訟事件判決のうち、その結果を難民研究フォーラムにおいて確認し得た事例は下記の通りである。タイ（ベトナム）3件（③地裁1件、⑫⑬高裁2件）及び⑮エチオピア1件はいずれも難民の勝訴である。なお、タイの事例⑫8月9日判決は③2月19日地裁判決に対する控訴審によるものである。⑮エチオピアの10月1日判決では、在特不許可処分無効の判例を踏襲し、ノン・ルフルマン原則の意義を確認した。最大の件数を占めるビルマ（ミャンマー）の事例中、①②④⑥⑨⑰⑱の7件で難民の勝訴、2件では裁判所の認定が分かれた。⑤3月23日判決では、1名が勝訴、1名が敗訴である。⑯10月29日判決では、2名が勝訴、18名が敗訴であった。

表 2010年日本の主な難民に関する訴訟の概要

No.	判決日	出身国	裁判所	判決
1	2010年1月29日	ビルマ	東京地裁	原告（以下省略）勝訴
2	2010年2月5日	ビルマ	東京地裁	勝訴
3	2010年2月19日	タイ	東京地裁	勝訴
4	2010年3月8日	ビルマ	福岡地裁	勝訴
5	2010年3月23日	ビルマ	福岡地裁	勝訴1名、敗訴1名
6	2010年4月22日	ビルマ	福岡地裁	勝訴
7	2010年4月28日	ビルマ	東京地裁	敗訴
8	2010年4月28日	ビルマ	東京高裁	敗訴
9	2010年6月8日	ビルマ	東京地裁	勝訴
10	2010年6月24日	ビルマ	東京地裁	敗訴
11	2010年7月30日	ビルマ	東京地裁	敗訴
12	2010年8月9日	タイ	東京高裁	勝訴
13	2010年8月31日	タイ	東京高裁	勝訴
14	2010年9月29日	ビルマ	東京高裁	敗訴
15	2010年10月1日	エチオピア	東京地裁	勝訴
16	2010年10月29日	ビルマ	東京地裁	勝訴2名、敗訴18名
17	2010年11月12日	ビルマ	東京地裁	勝訴
18	2010年12月13日	ビルマ	名古屋地裁	勝訴

2. 2010年日本の難民判決の注目点

(1) 退去強制事件に関わる「国籍国」の取り扱い

事例⑫8月9日判決において、退去強制先が「国籍国」でない場合があり得るのであり、本人の希

望する居住経験のある国という規定（入管法53条2項）に基づき、「本国」の意味について裁判所は一定の判断を示した。法律上の出身国と事実上のそれが争点となった事例である（申請者の申告に基づきベトナムではなくタイと標記する）。原告は、インドシナ戦争の際にベトナムからタイに逃れた難民の子であり、ベトナム難民としてタイに居住していた。しかし、タイ国籍もベトナムの公的書類も有していない。タイ政府は、1992年以前にタイ国籍を有せず、又は同年以降にタイ国籍を取得せずにタイを出国したベトナム難民の子孫に、タイ国籍の取得を認めず、さらに1999年以降、タイ政府はそうした者の帰国を受入れていない。他方、ベトナム政府も、本人又は両親に係るベトナム政府発行の出生証明書等の公的書類がない限りベトナム人として受入れていない。そのため、原告の退去強制先とすべき「国籍国」又は「本国」が問題となった。入管法53条1項は、退去強制先を、原則としてその者の国籍又は市民権の属する国と規定する。同条2項は例外規定を定めており、1項で規定する国に送還し得ない時は、「本人の希望」により、「本邦に入国する直前に居住していた国」又は「本邦に入国する前に居住していたことのある国」に送還されるものとする。タイで生まれ育った原告にとり「本国」とは親族が居住するタイであり、かつ「本人の希望」も「本邦に入国する直前に居住していた」タイであった。にもかかわらず入国審査官は原告に対し、「法律上」の「国籍国」と想定される国はベトナムであると判定するのみで、口頭審理を放棄すれば、ベトナムへの送還となることを十分周知させていなかった、と裁判所は判断した。そして「退去強制を受ける者の重要な利益に係わる事項」である退去強制先国の決定について、法令上の根拠がなくとも入国審査官には、本人に対するその意思確認を行う「条理上」の義務があると判示し、地裁の同様の決定を高裁も踏襲した。

こうした判断は退去強制先での処遇について、当事者保護の観点にたった点で評価できる。ただし、本件は、「法律上」の「国籍国」に送還できないことが明確な事例であり、入国審査官の申立人に対する意思の確認義務の根拠を「条理」に求めた点に、若干の疑問が残る。

(2) 迫害のおそれに拷問のおそれの認定も加える傾向

⑮エチオピア人の難民訴訟において、原告は、野党の党員として反政府活動に加わっていたため、政治的意見を理由として迫害をうけるおそれがあると主張していた。

本件で裁判所は、「迫害」とは「通常人において受忍し得ない苦痛をもたらす攻撃ないし圧迫であって、生命又は身体の自由の侵害又は抑圧」と定義した上で、当該人が迫害を受けるおそれがあるという恐怖を抱いている「主観的事情」のみならず、通常人が当該人の立場に置かれた場合にも迫害の恐怖を抱く「客観的事情」の必要性を指摘した。こうした論理構成は従来通りである。その上で、裁判所は、原告がエチオピアに送還されれば、2回目の逮捕に係わる嫌疑の終局判決が未決であり、かつ政治的理由による不当な拘束や刑罰等という「迫害」を受ける「客観的」なおそれが存在する、と認定した。したがって「迫害」が認められる難民に対し、入管法61条の2の2第2項に基づく在留特別許可を認定せずに、入管法53条3項で禁止される迫害のおそれのあるエチオピアへ送還することは、入管法の根幹に係わる「重大な瑕疵」となる。以上の理由で、難民性を認め、在留特別許可を認めないとする処分を無効とした。

本判決では、難民条約1条A(2)の迫害の認定とともに、難民条約33条1項だけでなく拷問等

禁止条約3条1項に基づくノン・ルフルマン原則の適用を認め、入管法61条の在留特別許可による保護を認めている。この傾向は、ビルマの事例①1月29日判決及び②2月5日判決(判タ1333号121頁)でも明らかである。また、在特不許可処分無効の基準は、「重大かつ明白な瑕疵」でなくとも、「重大な瑕疵」のみで足るとした先例は、これに先立ち東京地判平19・2・2がある(平成17年(行ウ)第114号、第115号、判タ1268号139頁)。

(3) ビルマ人共同訴訟に対する勝訴・敗訴判決の分岐点とされた理由

⑤の2人が提訴した事例の判決では、1人(A)は勝訴、もう1人(B)は敗訴となった。原告A及びBはロヒンギャ族である。その主張によればビルマ国籍(申請者の申告に基づきミャンマーではなくビルマと標記する)のイスラム教徒である。原告Aはビルマの民主化を訴えるデモに参加し、逮捕状が発付され身柄を拘束されそうになったことから、主観的事情のみならず客観的事情からも、反政府活動を行った者としてビルマ政府から迫害を受けるおそれが認められる、と裁判所は判断した。他方、原告Bに逮捕状が発付されているモスクの放火事件及び郵便局の爆破事件は、政治的な意見とは関係なく、当該逮捕状がロヒンギャないしイスラム教徒であるから発付されたと認めるに足る証拠もない、と裁判所は判断した。

後者の判決に関して留意されるべき点がある。日本は難民条約及び拷問等禁止条約の義務を課され、近年、入管法が難民条約および拷問等禁止条約を強く意識した条文に改正された。このことからも、迫害の概念の国際的基準を常に意識する必要がある。ところが、原告Bが、モスク放火および郵便局爆破事件について国軍の関与を疑ったことでそれらの犯行がBによるとされた、と主張したにもかかわらず、裁判所はその点を考慮せず、Bの訴追のおそれが生じている放火等の行為が「具体的」であるからその政治性が排除される、と判示しているのであれば、難民条約の難民概念定義に定める迫害理由としての「政治的意見」が排除されることとなる。この判断は国際的基準と乖離していると言わざるを得ない。

次に、⑯10月29日判決では2名が勝訴、18名が敗訴であった。本件では「生命又は自由」以外の、その他の人権の重大な侵害に対し「迫害」が認められるかが争点となった。判決では、「迫害」に「生命又は自由」以外の法益侵害を含むとすれば、受入国はその被害者を難民としながら、「生命又は自由」の被害者である難民と異なり、不法な入国又は在留を(当該者が生じている場合、それを)理由として処罰し得ることになり、さらにその法益侵害のおそれのある領域に追放し得る、という不合理な結果になる、と判示された。さらに「自由」は精神的自由や経済的自由等を含む概念と一般的には言い得るが、難民条約上、「自由」と「生命」が並置されており、生命活動に関する自由と解するのが合理的で、経済活動の自由等は含まれないとし、「迫害」から「生命又は自由」以外の法益侵害を排除した。

この点、「生命又は自由」以外の法益侵害を考慮するにあたり、少なくとも日本が批准している国際人権規約等国際人権諸条約の基準から、「人権の重大な侵害」に言及する必要があったと考えられる。

安藤由香里(大阪大学)

海外判例評釈

平時下にある人口集中地域での対人地雷埋設の命令を拒否して脱走したイラン人兵員が、英国に難民庇護を求め、その請求が認められた事件についての英国最高法院（控訴院管轄部門民事部）の2008年5月20日判決
― BE (Iran) v. Secretary of State for the Home Department, the Supreme Court of Judicature, Court of Appeal (Civil Division), On Appeal from The Asylum and Immigration Tribunal, CC/03113/2002, (2008) EWCA Civ 540 Case No.1310

1. 事実関係

イラン人である申立人は1970年生まれ。兵役を命じられ、1988年正規軍に加えられる。1998年クルディスタン州バネー（Bāneh）地域に異動。バネーはイランの北西部、イラクとの国境近く。主要道路上イラク東北部の、クルド族の多いキルクークに繋がっている。当時のイランは、1980年に始まったイラクとの戦争を1988年に停戦させるに至ったとはいうものの、米国中心の多国籍軍の武力行使が続いているイラクと国境を接しているばかりではなく、国境を跨いでクルド族が多数居住する地域が広がっている。この事情から、バネー地域での警戒態勢を強め続けた。申立人は、この地域の人口集中各地点への地雷埋設を命じられたが、申立人はその命令に従わずに同地域を無許可ではなれた。しかし発見され、3ヶ月の禁固刑を受けた。釈放後、軍曹の階級から降格。1999年一旦、クルディスタン州の地元居住地域に送り帰され、地雷埋設を拒否したクルド族の者が反逆罪の理由で銃殺されたと聴かされ、1週間後に、再びバネー地域での地雷埋設を命じられた。申立人は、その命令の実行が一般市民の死をもたらすことになると懸念し、脱走して英国に逃れた。そして英国による庇護を求めた。

申立人の陳述によれば、申立人に命じられたのは、バネー地域のいくつかの道路沿いに地雷を埋設することであった。地雷埋設を命じられた地点がイラクとの国境に3kmから30kmほどの近距離にあることを、申立人は知らなかった。申立人は、地雷について詳細な陳述をしていないが、その申立から、地雷が対人地雷または対戦車向けにも対人向けにもなる地雷であることを理解していた、と推認された。申立人の主張によれば、一般市民の生活に非常な危険を生じかねない地雷埋設の命令を拒否したことにより、イランに留まっているとすれば、重い刑罰が科せられるおそれがあり、そのような刑罰は難民条約第1条A（2）項に定める迫害に相当する、というのであった。

以下、最高法院の判決に至るまでの、本件の申立人側および内務大臣側双方の主張および行政手続段階上の判定とそれに至った論拠の要旨を紹介し、それに対する評釈を加える。

2. 内務省出入国管理・国籍局の判断

最初の行政審決を担う内務省出入国管理・国籍局は2001年3月、当該申立人の庇護請求を却下した。その論拠の要点によれば、申立人が上記の命令を遂行するとすれば市民生活に重大な危険を

もたらすと解した、という主張は、合理的ではある。しかし、客観的証拠上で見る限り、申立人は、気の咎めも何らなく正規兵員就任書に署名している。地雷爆発による市民の死亡が起これば不運な結果である。そのような結果を招くおそれがあるからといって、そのことが兵役拒否を正当化することにならない。戦闘に対する恐怖または嫌悪はそれだけでは、兵役拒否に難民性を認める論拠には、原則としてならない。

　この判断に類似する見方は、各国の決定例にしばしば見られる皮相な捉え方である。

3．庇護・出入国管理審判所の判断

　申立人は難民性否認の処分に対して、異議申立を庇護・出入国管理審判所（the Asylum and Immigration Tribunal）に提出した。同審判所は、行政機関に属しながら準司法的機能を担う。最初に担当した審判官は、申立人の陳述には信憑性があるが、その陳述によっても、難民条約に定める迫害理由（すなわち人種、宗教、国籍、特定の社会的集団の構成員であることまたは政治的意見の理由による迫害）に、その命令拒否の理由が関わる根拠が明らかにされていない、と判定し、2002年2月に、異議を認めないという裁決を下した。しかし別の審判官が、裁判所への提訴を許可すべきである、と主張した。その理由として、条約上の迫害理由によるのではないにしても迫害のおそれを認めていることと、欧州人権条約第3条に定める拷問禁止原則との間に、明らかに矛盾がある、と指摘した。つまり、条約上の迫害理由に該当しない場合でも拷問を受けるおそれがある場合には、難民性が認められないのか、という問題の提起である（下線付加は筆者による。以下同様）。

　両審判官の合意により、この申立は異議申立を庇護・出入国管理審判所内で差し戻されて、同審判所の3人委員会（a panel of three）で審査されることになった。結果として2004年7月の裁決では、申立は認められなかった。その理由として、地雷埋設命令に従うことが関りのない人々の殺生に繋がるおそれを生ずるという論拠により、申立人はその命令を拒否したのであるが、その命令を違法とする根拠は、国際法上もイラン国内法上にも見出せない。イランは地雷禁止条約に未だ調印していないし、ジュネーブ戦時条約の適用は戦争状態の存在を前提にしている。イランは戦争状態にない。申立人は命令不服従の理由で当然の処罰に直面するにすぎない、と指摘された。ここに多くの論点が示されたのである。

　最高法院への提訴許可願は、庇護・出入国管理審判所では却下されたものの、申立人と内務大臣双方の同意を得て、最高法院が2005年1月に提訴を許可した。同裁判所が許可したことの理由は、本件が、戦争状態にないイランの、クルディスタン州の人口集中地での対人地雷埋設よりも、兵役脱走を選んだ、というイラン兵員の国際的保護に関わる故に、提訴の受理が相当の重要性を有し、是認されるべきである、という判断にある。

　ただし、その提訴の審理に入る前に、最高法院は、どのような点を審理対象にすべきかについて検討するために、本件事案を庇護・出入国管理審判所に送付した。審判所の回答の要点の核心は、次の点に収斂される。

　第1に、戦時または内戦下で適用される地雷埋設禁止の原則を、平時にも適用されることを認め

ることはできないとすれば、平時における地雷禁止原則の根拠を何におくべきか。第2に、Krotov事件の裁判所判決の中で判示された「人としての根本的な行動規範」(the basic rules of human conduct) を、本件のような場合の根拠とすることができるかどうか。根拠になるとすれば、「人としての根本的な行動規範」とは何か。

4. 最高法院における審理

　最高法院における審理は、上記の核心的論点に至るまでに様々な点について検討した。申立人代理人の主張と内務大臣代理人のそれは、かなり食い違っている。

(1)
　申立人代理人の主張では、兵員が難民保護を受ける資格を生ずるのは、良心的兵役拒否の場合ばかりではない。また、戦争犯罪または人道に対する罪に相当する行為の拒否についてのみに難民性を認めるのは、あまりにも制限的であって不当である。兵員に対する命令の拒否を理由に難民性が認められる場合の範囲は、少なくとも平時においては、本件のような命令遂行が非常に深刻な人権侵害を生ずるいかなる場合にも及ぶ。なぜならば本件の地雷埋設命令は、武力紛争下で発せられたとしても国際人道法違反になるのであり、ましてや平時において市民に与えられるべき保護が、戦時下に市民に与えられる保護よりも弱くてもよい、とすることは決してできない。このことは、国際刑事裁判所規程第6条（集団殺害罪）に定める原則の考え方によっても表されている、とする。問題は、その主張の論拠として道義的原則ではない実定的基礎を見出すことができるか、である。
　その主張に対する内務大臣代理人の主張では、本件の場合のような地雷埋設が戦時下において犯罪になるかどうか――同代理人は、犯罪になるとは必ずしも認めないが――という点はともかく、平時における市民の実質的保護は、人権に対する残虐行為および重大な侵害に対抗するための仕組みである。遺憾といわざるを得ないことではあるが、現時点では、地雷埋設が英国法上刑事犯罪になると解することはできない。またイランは、対人地雷禁止を定めるオタワ条約に調印していないし、国内的に地雷埋設を違法とする法律を制定してもいない。さらに、慣習国際法の規範も地雷の使用を禁止していない、とする。

(2)
　対人地雷は、厳密かつ正確な目印と囲いをつけない限り、関わりのない市民を無差別に殺害し、または不具化する。しかも、被害を受ける市民のうちの高い割合は、子どもである。地雷は元来、対戦車・装甲車用であったが、次第に対人用にその狙いが変えられた。その殺傷能力は本来の使用目的であった戦闘の終了後も変わらない。そのうえ、埋設地雷の検出および無力化は、果ての見えない労苦、年数および費用を要する。
　対人地雷の性質を上記のように客観的に見ると、審判所の見方では、地雷埋設を行う者個人には殺害の意図がなくとも、その行為がそれ自体で、殺戮と不具化をもたらす意図、人間生活への困惑

へ向けての無謀さを認めざるを得ない証拠となる、という点が着目されていなかった。

　この点でまず着目されるのが、地雷禁止を定めたオタワ条約である。しかし、同条約で禁止義務を負うのは締約国であって、個人ではない。したがって、同条約は申立人の庇護請求の論拠にはならない。同条約との関連で問われるべきは、国としてのイランである。ところが、同国はこの条約に調印せず、現在も未加入を続けている。しかし、この条約には世界の4分の3の諸国が締約国になっており、未加盟の米国なども一定の条件を付しながら地雷禁止原則についての規範意識を表明している。イランも、2005年の声明では地雷の使用・製造を禁止する、としながら、イランに国境を接する国での戦争と占領という事態があるために同条約に加入できないでいる、というのである。要するに、地雷禁止の国際慣習法原則は確立されているのであり、それゆえに申立人に地雷埋設を命じたイラン政府は、国際的責任を免れることはできない、という論旨を立てた。

(3)

　申立人代理人は、市民に対する地雷使用の禁止という国際人道法上の原則の適用が、武力紛争下に限られることを認めるが、そのことはあくまでも形式論の側面においてであるにすぎないとし、さらに20世紀末までに国際人権法が、国家の意図によって行われる平時における自国民に対する無差別な殺害または不具化を、人権に対する組織的侵害として有罪としていることを指摘して、国際難民法によれば、このように重大な人権侵害を生ずる国の命令を拒否する個人は、国際的保護を受ける資格がある、と主張した。

　これに対して内務大臣代理人は、第1に、地雷の無差別使用の違法性を認めるとしても、その使用が、国際人道法では厳重に武力紛争下に限定されるという適用条件を、国際人道法が直接的に適用されない平時下の場合にまで広げる必要はない。第2に、イランはオタワ条約の締約国ではないし、地雷使用の目的が麻薬取引及びテロリスト侵入に対する防御にある、と主張している。ただし、その主張にもかかわらず、非武装の市民に対する致死性武器の組織的かつ無差別な使用が、人権に対する重大な侵害行為、残虐行為を構成することを認める、と主張した。

　両代理人の主張は対立しながらも、Sept and Bulbul 事件控訴裁判所判決および貴族院判決((2003) UKHL15) の中の下述の論旨に着目し、それに、本件における実質的論点の決着点を見出そうとすることでは一致した。その論旨では、「強制的兵役により残虐行為若しくは重大な人権侵害を犯すことになり、若しくは国際社会によって非難される紛争に加担することになるという理由、またはそのような兵役拒否に対して過度の、若しくは不相応の刑罰を受けるおそれがあるという理由で強制的兵役を拒否する者には、難民資格が認められる」とされた。

　とりわけ申立人代理人は、戦時において受ける保護よりも平時に受ける保護の程度の方が小さい、と解することへの疑問の解明に、上記判決の論旨を結びつけようとした。それに対して内務大臣代理人の主張は、平時法規と戦時法規が交わることなく進展してきたと指摘するのみで、平時における地雷禁止問題に対応しようとしていない。この点で戦時法規の平時における類推適用が認められるべきであるという主張の方が、比較的にははるかに正当である。このように最高法院は、申立人側の主張に問題がなおあることを指摘しながら、その正当性を相対的に認めたのである。

5. 最高法院の結論

　そこで、最高法院は、実定的な論拠の見出しにかかる。まず、国際司法裁判所のコルフ海峡事件判決 (ICJ Reports, 1949,4) を引用する。その論旨では、領海内に機雷を敷設した政府がその機雷の存在について外国船舶に警告を発する義務があるとし、その義務の根拠は、戦時法にあるのではなくて一般的に認識されている一定の原理、すなわち戦時よりも平時の方がいっそう厳格とされる「人道性への基本的配慮」にある、とされた。ただ、この根本的な規範は、国家を単位とする国際社会において国家に課される規範であって、そのまま国内社会でも課される規範となるのではない。最高法院の手法で注目されるのは、その規範の引き出し方である。

　最高法院は、「一般的に認識されている一定の原理」という点において同様な引き出し方に沿って、この「人道性への基本的配慮」に相当する国内法上の原理を見出すことが可能であるとし、それが、英国裁判所判決 (Krotov v. Home Secretary (2004) EWCA Civ69) において判示された「人としての根本的な行動規範」(basic rules of human conduct or the humanitarian norms) である。この判決では、「チェチェン戦争」での戦闘から脱走して英国に来たロシア人について、その戦闘における非人間的行為への加担を真に良心から咎め、拒否したために処罰されるおそれがあり、それが故に難民性を認める、と判定された。その論拠が「人としての根本的な行動規範」であって、この規範の遵守のために重い処罰を受けるおそれがある場合、保護が認められなければならない、という論旨が立てられた。

　本件の結論として、対人地雷の埋設という人の生存を危機に陥れる重大な人権侵害の命令を拒否した理由で処罰を受けるおそれがあるため本国を逃れて来た者に、難民性を認めるとして、内務大臣の処分および庇護・出入国管理審判所の裁決を取り消した。なお、内務大臣側から主張された本件命令についての、国の政策という根拠および国との組織的関連性の有無は、難民性の有無の認定上、決定的意味を有しない、とされた。

6. まとめ

　昨今、世界の不穏状態にある各地では平時と戦時の峻別が不分明になり、本来、戦時に限って使用が許される戦闘用武器が、平時にも使用される。その結果、市民一般に重大な危険が生じている。他方、市民保護のための戦闘用武器使用の禁止原則は戦時法規にしかない。それゆえ、平時戦時を問わない武器使用禁止の、新たな法規範の発見または構築が必要になっている。それに応えて英国裁判所は、国際的・国内的な人権規範の積重ねを基礎に判例法主義の経験的な伝統的手法によって、「人としての根本的な行動規範」を見出した。その手法は英国に特有であるとはいえ、人権尊重に積極的な司法の難民認定訴訟への関わり方を示している。わが国にとっても、この判例は重要な参考になるであろう。

本間 浩（法政大学名誉教授）

2010年難民動向分析 ―日本―

　民主党は、野党時代にまとめた『民主党政策集INDEX2009』において「難民等の保護に関する法律」の制定を掲げ、それに伴い内閣府外局に「難民認定委員会」を設置することで難民行政を入国管理局から切り離すことや、難民申請者の生活支援に関する法整備を進めること等を提言していた[1]。政権交代後に法相に就任した千葉景子がかねてから難民問題に関心を示していたこともあり、2010年は難民行政の進歩が期待された年であった。しかしながら、政府は抜本的な難民行政改革に着手できず、①1次審査期間の目標値（6カ月）の設定、②出身国情報の整備・公開、③UNHCRとの連携強化という3点をとりあえずの成果とするにとどまった[2]。第三国定住制度の開始があった一方で、日本在住の難民をめぐる状況に大きな変化は見られず、従来からの課題が指摘された1年となった。

1. 申請者数、認定者数等[3]

　1981年の難民条約加入以来、日本の難民行政を統計的に大きく特徴づけているのは2点であり、すなわち申請数、認定数の少なさ及び認定率の低さと、ミャンマー国籍者と他の国籍者との間の差異である。2010年の申請者は1202人で2年連続の減少となった。認定数は39件で、異議申立手続きと合わせた処理数合計が1906件なので、認定率は2%になる。また、空港での申請数は相変わらず停滞しており、9月16日時点での成田空港における申請数は僅か29件であった。近年、人道配慮による在留許可の増加が一定の評価を得ているが、本来難民認定されるべき人が人道配慮の対象となっていること、人道配慮の基準が曖昧で政治的裁量に左右されやすいこと、人道配慮による在留許可者の法的地位が脆弱で、難民認定者が得られる利益の多くを享受できないこと等が問題視されている。更に、人道配慮による在留許可者363人のうち319人（88%）、そして認定者39人のうち37人（95%）がミャンマー国籍者であり（残り2名はエチオピアとエリトリア国籍）[4]、ミャンマー以外の国籍者をめぐる庇護状況は全く前進しておらず、むしろ悪化しているとの評価もある。なお、難民申請から結果が出るまでの審査期間の長さが従来から問題視されてきたところ（2008年の平均審査期間は1次審査で472日、異議申立て手続きまでで766日）[5]、2010年7月、法務省は1次審査を6カ月以内に終わらせるという目標を設定し[6]、2011年3月にはほぼ目標は達成されたとの見解を示した[7]。ただ、この6カ月の目標値は1次審査期間のみを対象としており、異議申立手続きを含む平均審査期間は公開されていない。審査期間の短縮に必要とされる審査の質の向上が追い付いていないとの懸念もあるところ、申請から異議申立手続き全体を通した、迅速かつ公正で質の高い審査が求められている。

2. 各論

　2004年入管法施行以降、在留資格を持つ難民申請者の生活状況には改善が見られている。難民申

請によって授与される特定活動の在留資格は3カ月から6カ月に変更され（少なくとも異議申立の結果が出るまでは延長可能）、難民申請から6カ月後には変更申請をすれば、通常、就労許可付きの特定活動の在留資格が得られる。また、入国したばかりの庇護希望者については、外国人登録証と住所がなくても（少なくとも東京入国管理局では）難民申請を受理するという実務が定着した。難民申請中の国民健康保険の加入も多くの自治体で認められるようになってきた[8]。しかしながら、在留資格のない難民申請者をめぐる状況は改善しておらず、特に被収容者や、仮放免中の難民申請者の生活は困難を極めている。収容、不安定な申請中の地位、そして保護費の枯渇が特に大きな問題として在留資格を持たない難民申請者の前に立ちはだかっており、在留資格を持つ申請者の状況が僅かではあるが改善している分、両カテゴリーの格差拡大が顕著である。

(1) 収容

2010年は、特に収容問題が大きな課題として改めて注目される年となった。2009年10月末時点で、日本全国の入国管理局／入国管理センターに収容中の難民申請者及び難民不認定取消訴訟中の者は331人で、そのうち少なくとも23人が1年以上に亘り収容されていた[9]。また、2010年2月16日の時点で3人の未成年（16歳1名、17歳2名）の難民申請者が収容されていた[10]。収容の長期化が問題視される中、2月と4月に東日本入国管理センター（茨城県牛久）で被収容者の自殺事件が起こり[11]、他に数件の自殺未遂事件が報告された。2010年3月22日にはガーナ国籍のAbubakar Awude Suraj氏が、2年間に亘る長期収容後、強制送還執行中に成田空港で死亡するという事件が起きた（2011年6月現在、その真相は明らかにされていない）[12]。こうした状況の中で、西日本入国管理センター（大阪府茨木）では3月に、東日本入国管理センターでは5月に多くの難民申請者を含む被収容者が仮放免手続き及び医療・診療体制の改善等を求めて集団でハンガーストライキを決行し、自らの窮状を訴えた[13]。このハンガーストライキに呼応してアムネスティ・インターナショナルを含む複数のNGOが政府法務省批判を表明し、更にこの一連の動きはメディアにも広く取り上げられ、国会議員による東日本入国管理センター訪問にまで発展した[14]。その結果、法務省は7月に収容の長期化を回避するために仮放免を弾力的に活用することを公表し[15]、9月には日本弁護士連合会（日弁連）との間で収容問題に関する協議の場を持つことに合意した[16]。その後、弁護士が関与すれば仮放免が許可されやすくなるという実務が確認されている。また、日弁連は定期的に数十人の被収容者に面会し、懸念のある被収容者の仮放免を積極的に進めている。なお、3月末に来日した国連人権理事会の移民に関する特別報告者のホルヘ・ブスタマンテ（Jorge Bustamante）氏は、2011年3月の報告書で庇護希望者の収容問題に言及し、収容の代替措置の立法化、収容所での医療水準の改善、病人と未成年者及びその父母を収容しないこと等を日本政府に勧告した[17]。また、拷問禁止委員会の勧告に基づき2009年の入管法改正で設置された「入国者収容所等視察委員会」制度が2010年7月から施行されたが、今のところ目立った成果は見られず、今後の動向が注目されている。

(2) 仮滞在

在留資格を持たない難民申請者の地位を安定させる目的で導入された仮滞在制度は、相変わらず

限定的な機能しか果たしていない。2010年において、仮滞在は558人中65人（11.6%）にのみ認められた。不認定理由としては、6カ月以内に難民申請を行っていないこと（374人）、退去強制令書の発付を既に受けていること（246人）、そして「逃亡の恐れ」があること（人数は未公表）という3点が典型的であった。

(3) 保護費（難民申請者に対する政府の支援金）

　近年の難民申請者数増加により、2008年以降、政府の保護費予算が慢性的に不足する事態が生じている。保護費支給を執行している、外務省外郭団体の財団法人アジア福祉教育財団難民事業本部（RHQ）は、限られた予算内に支出が収まるような支給基準を設定する必要性に常に迫られてきた。そして2010年、この予算不足を背景とする支給基準の厳格化とそれに伴う入念な支給審査のため、保護費を受けられない、または打ち切られる申請者が続出した。保護費枯渇問題は、特に保護費を唯一の収入源とする在留資格のない難民申請者に深刻な影響を与えている。中でも長期収容後に仮放免を受けた申請者は、長期収容のため外部社会とのつながりが断絶されている傾向が強く、保護費以外に収入を得る見込みのない場合が多い。なお、難民審査期間の短縮は、保護費枯渇問題の解決策として実施されたという経緯もあるが、1次審査期間のみを対象としているため実質的にはほとんど効果をあげていない。

　以上のように、自ら日本にたどり着いた難民をめぐる問題は山積しているところ、第三国定住難民受け入れ制度だけでなく、難民制度一般を全体として改善していくことが政府には求められている。

1　民主党『民主党政策集INDEX2009』2009年、14頁（http://www1.dpj.or.jp/policy/manifesto/seisaku2009/img/INDEX2009.pdf）。
2　黒岩宇洋法務大臣政務官の発言、第176回国会参議院法務委員会4号、2010年10月28日。
3　申請数、認定数、処理数、人道配慮による在留許可数に関しては、法務省入国管理局「平成22年における難民認定者数等について」2011年2月25日を参照。空港申請者数及びミャンマー国籍者以外の認定者については、難民支援協会で確認できた情報に基づく。
4　全国難民弁護団連絡会議事務局「難民認定統計2010年（出身国別）」2011年6月。
5　西川克行法務省入国管理局長の発言、第171回国会参議院法務委員会3号、2009年3月17日。
6　法務省入国管理局「難民認定審査の処理期間に係る目標の設定と公表について」2010年7月16日。
7　法務省入国管理局「難民認定審査の標準処理期間に係る目標の達成状況について」2011年4月15日（http://www.moj.go.jp/nyuukokukanri/kouhou/nyuukokukanri03_00082.html）。
8　古藤吾郎「難民たちは、国民健康保険に入れるのか、入れないのか」難民支援協会編『外国人をめぐる生活と医療』現代人文社、2010年。
9　内閣総理大臣鳩山由紀夫「衆議院議員山内康一君提出難民認定申請者の収容に関する質問に対する答弁書」答弁第67号内閣衆質173第67号、2009年11月20日（http://www.shugiin.go.jp/itdb_shitsumon_pdf_t.nsf/html/shitsumon/pdfT/b173067.pdf/$FILE/b173067.pdf）。
10　千葉景子法相の発言、第174回衆議院予算委員会第三分科会2号、2010年2月26日。
11　『朝日新聞』2010年2月10日および『朝日新聞』2010年4月10日。

12 なお、Suraj 氏は難民申請者ではなかった。
13 『共同通信』2010 年 3 月 11 日および『共同通信』2010 年 5 月 11 日。
14 「ハンストが収束」『朝日新聞』2010 年 5 月 26 日。
15 法務省入国管理局「退去強制令書により収容する者の仮放免に関する検証等について」2010 年 7 月 30 日 (http://www.moj.go.jp/nyuukokukanri/kouhou/nyuukokukanri09_00006.html)。
16 法務省入国管理局「出入国管理行政に関する日本弁護士連合会との間の合意について」2010 年 9 月 10 日 (http://www.moj.go.jp/nyuukokukanri/kouhou/nyuukokukanri01_00012.html)。
17 国際連合広報センター、2010 年 3 月 31 日プレスリリース (http://www.unic.or.jp/unic/press_release/1548)。

小池克憲(特定非営利活動法人 難民支援協会元職員)

2010年難民動向分析 —世界—

1. 概要

2011年6月20日「世界難民の日」に、UNHCRは、2010年12月末までの難民動向を総括した『グローバルトレンド2010』[1]を公表した。その概要では、2010年の時点で、全世界で4370万人が迫害または紛争のために避難を強いられており、これは過去15年間の各年段階で最も多い数であった。そのうち1540万人が難民、2750万人が国内避難民、84万人が庇護申請中であった。出身国は、アフガニスタン（3,054,700人）が最も多く、イラク（1,688,600人）、ソマリア（770,200人）が続いた。特にソマリア出身者の増加は著しく、前年比14%の増加となった。

他方、恒久的解決の面では、まず、自発的帰還（voluntary repatriation）者は197,600人で、過去20年間で最も少ない人数となった。第三国定住（resettlement）者は98,800人で、前年と比べ13%減少した。また、「同一国籍者で1つの庇護国に5年間以上滞在している状態」（'protracted refugee situation'）の難民25,000人以上の規模にある事例でみると、その人数は720万人に上った。これは2001年以降で最多であり、2010年では全難民数の29%を占めている。再定住者の出身国ではミャンマー（ビルマ）（19,400人）が最多で、イラク（16,000人）、ブータン（14,800人）が続く。さらには、恒久的解決において、避難国への帰化・統合（local integration）を除き、再定住の占める割合が、2006年から2008年までの10%台から、2009年以降には30%台へと増加し、その水準が引き続き維持されている。

また、全難民の5分の4が開発途上国に避難しており、同4分の3が近隣国に向けて避難していることも示された。

2. 庇護申請者の推移

2010年の年間庇護申請・難民申請者数は、全世界で845,800人であった。同年の全世界における「難民認定率」（Refugee Recognition Rate: RRR）は30%で、補完的保護も含めた「全体認定率」（Total Recognition Rate: TRR）は39%であった。前年はRRRが38%、TRRが47%であったことから、双方において相当減少したことになる。ただし、UNHCRによると、減少がみられた原因はいくつかの国が報告書を提出しなかったことによるもので、実際にはもっと高い割合になる。先進44ヵ国[2]に限ってみると、2010年にはこれら諸国への申請は358,800件と過去10年間で4番目に少ない数となった。この数は前年と比べれば5%の減少にすぎないが、2001年と比較すると42%の減少。この傾向に関し、グテーレス高等弁務官は、「出身国における難民発生要因が減ってきたのか、それとも、受け入れ側の庇護国における入国審査が厳格化しつつあるのか」について検討を要する[3]、と述べている。国別では、44ヵ国中、55,500件の庇護申請を受けた米国が最も多く、47,800件のフランス、41,300件のドイツ、31,800件のスウェーデン、23,200件のカナダが続いた。

出身地に目を向けると、庇護申請者全体の 45% を占めるアジア出身者が最も多く、25% のアフリカ、19% の欧州、8% の米州が続いた。国別では、28,900 件のセルビア（コソボを含む）が最も多く、24,800 件のアフガニスタン、21,600 件の中国、20,100 件のイラク、18,900 件のロシアが続いた。特筆されるべきは、セルビア（コソボを含む）出身の庇護申請者の急増（前年比 54% 増）である。その背景には、EU によるセルビア（コソボを含む）に向けた査証の免除や、コソボ独立宣言に関する国際司法裁判所の 2010 年 7 月 22 日勧告的意見[4]があった。申請を受けた国の側では、南欧 8 ヵ国での申請が 33,600 件であり、前年と比べ 33% 減少した。

3. 北アフリカにおける大規模流出

2010 年末以降のチュニジアでの反政府デモを発端として、中東や北アフリカで民主化を求める動きが活発化し、この「中東ドミノ」の混乱は、一部で戦車砲やロケット砲などによる砲撃を伴い、大規模な住民の避難を招いている。特に熾烈な衝突と大規模な流出が起こったのはリビアであった。

対リビア武力攻撃を容認した国連安保理決議 1973 号[5]では、「リビアにおける暴力からの避難を強いられた難民および外国人労働者の苦難に対する懸念を再述し、難民および外国人労働者のニーズに取り組む近隣諸国、とりわけチュニジアとエジプトの対応を歓迎し」、「その努力を支援すること」が「国際共同体に対し、呼びかけ」られた。また、安保理にとってはその歴史上初めて、「保護する責任」（Responsibility to Protect）の考えに裏打ちされた文言が採用された[6]。しかし先進各国は、リビアから避難した人々に向けて積極的に自国での保護を与えているわけではない。それどころか、例えば、EU は、6 月 23・24 日の首脳会合において、「真の重大事態においては」域内の港湾・陸上における旅券審査を復活させることに合意した[7]。同協定の具体的な改定案は今後欧州委員会が策定し、今秋までに改定が実現する予定である[8]。一時的保護メカニズム[9]も、2011 年 6 月 30 日現在、発動されていない。リビアでは、政府軍側に外国人が傭兵として雇用されているほか、エジプト、シリア、中国、トルコ、バングラデシュ等[10]、様々な国からの外国人が多く生活している。UNHCR と IOM は共同で、在リビア外国人の本国帰還を支援しており[11]、また、リビア出身者の周辺国への避難についても支援している。リビア出身者の主な避難先国はチュニジア、エジプト、アルジェリア、スーダン、チャドなどで、避難者数は 2011 年 5 月 24 日時点で、698,505 人にのぼっている[12]。

4. 無国籍に関する UNHCR の取組み

UNHCR は 2001 年以降、無国籍者と国際的保護に関する研究に取り組んでおり、2010 年 5 月からは専門家会合を開催している[13]。無国籍問題について規定した条約の批准国数が難民条約の半数にも満たない一方で、今なお相当数の無国籍者が世界各国に点在しているとされる。特に、タイ、ネパール、ミャンマー（ビルマ）には多数の無国籍者がおり[14]、それ以外にも中東や北アフリカにも国境の開放性や遊牧生活のために国家との紐帯が不明確である人が多数いることが知られている[15]。

第2回の専門家会合となる昨年12月の会合では、無国籍者と難民の地位についての関係上の主な論点の一つである、いわゆる「帰還可能性」（Returnability）審査が難民該当性審査に先行するか、について議論された。すなわち、そもそも、無国籍者が常居所国に帰国することができないとすれば、難民該当性審査へと進む必要もなくなるのではないか、という問題である。コモン・ロー諸国では、実際に、申請者の帰還可能性を否定すると同時に、難民該当性審査へと進むことを拒む判決[16]が登場した。新垣修教授によれば、少なくともニュージーランドにおいて、現在も「帰還可能性」審査の要否について判例は固まっていない[17]。この論点が切実な問題となるのは、無国籍問題を扱う条約が難民条約31条に規定される処罰禁止原則を含んでいないこと等により、当人に保障される権利および利益の相違が生じ得るためである。同会合の結論（要約）では、たとえ帰還可能性を審査するとしても、それは「難民申請が適正な検討により棄却された後に限り」[18]行われるべきであることが言及された。

1　UNHCR, *UNHCR Global Trends 2010*, 2011 (http://www.unhcr.org/4dfa11499.htm).
2　以下では、UNHCR, *Asylum Levels and Trends in Industrialized Countries 2010* (http://www.unhcr.org/4d8c5b109.html) を参照している。同文書において「先進44カ国」(industrialized countries) とは、アルバニア、ボスニア・ヘルツェゴヴィナ、クロアチア、アイスランド、リヒテンシュタイン、モンテネグロ、ノルウェー、セルビア（コソボを含む）、スイス、旧ユーゴ・マケドニア、トルコ、オーストラリア、カナダ、日本、ニュージーランド、韓国、米国に、欧州連合加盟国27カ国を加えた国々のことを指す。
3　Opening Statement by Mr. António Guterres, United Nations High Commissioner for Refugees, to the 61st Session of the Executive Committee of the High Commissioner's Programme (ExCom), Geneva, 4 October 2010 (http://www.unhcr.org/4ca995299.html).
4　*Accordance with international law of the unilateral declaration of independence in respect of Kosovo (Request for Advisory Opinion)*, ICJ Reports (2010), p. 49.
5　UN Security Council Res.1973 (2011) (http://daccess-dds-ny.un.org/doc/UNDOC/GEN/N11/268/39/PDF/N1126839.pdf?OpenElement).
6　最上敏樹「(耕論)リビア介入」『朝日新聞』2011年4月14日朝刊、オピニオン。
7　BBC Europe, 'Schengen zone: EU to clarify new border controls,' 24 June 2011 (http://www.bbc.co.uk/news/world-europe-13909045).
8　有田哲文・野島淳「ギリシャ再建策『支援』EU、国会通過促す声明」『朝日新聞』2011年6月25日朝刊、10頁。
9　一時的保護メカニズムについては、川村真理『難民の国際的保護』現代人文社、2004年、32〜62頁。
10　伊藤和貴「帰りたい…でも帰れない」『朝日新聞』2011年3月11日朝刊、1頁
11　国際的保護を必要としない人の出身国に向けた帰還におけるUNHCRの役割については、ExCom結論96号で述べられている。
12　http://www.unhcr.org/4c907ffe9.html.
13　2010年3月の第1回会合では、「国際法における無国籍者の概念」が取り上げられた。UNHCR, *Expert Meeting —The Concept of Stateless Persons under International Law (Summary Conclusions)*, May 2010 (http://www.unhcr.org/refworld/docid/4ca1ae002.html)。日本からは阿部浩己教授が参加。
14　UNHCR, *UNHCR Action to Address Statelessness: A Strategy Note,* March 2010 (http://www.unhcr.org/refworld/docid/4b9e0c3d2.html) p. 23-24.
15　UNHCR, *The situation of stateless persons in the Middle East and North Africa,* October 2010 (http://www.unhcr.org/

refworld/docid/4cea28072.html).
16 Ex. [1991] CRDD No. 229. Goodwin-Gill, G. S., 'Stateless persons and protection under the 1951 Convention or Refugees, beware of academic error!,' Paper presented at colloquium on "Les recents developpements en droit de l'immigration," 22 Jan 1993, Quebec (http://repository.forcedmigration.org/show_metadata.jsp?pid=fmo:979).
17 新垣修教授による日本世界法学会研究大会における 2011 年 5 月 15 日報告「国家と無国籍難民の保護」を参照。
18 *op. cit.*, p. 4.

加藤雄大（東北大学法学研究科博士前期課程）

文献紹介 —日本—

渡邉彰悟・大橋毅・関聡介・児玉晃一編
『日本における難民訴訟の発展と現在（伊藤和夫弁護士在職50周年祝賀論文集）』
（現代人文社、2010年）

　本書は半世紀にわたり難民訴訟を含む多くの人権訴訟に携わってこられた伊藤和夫弁護士（本書刊行直後の2010年7月に逝去）の在職50年の祝賀論文集として編まれたものである。収録された16の論稿は、日本の難民条約加入から30年間の難民訴訟の発展と現在の到達点を、実務、学問の双方から示すものであり、本書が日本における今後の難民研究の礎の一書となることは間違いないだろう。

　本書は3部により構成され、第1部「日本の難民事件の歴史」では、チャン・メイラン事件（池田純一）、ブイ・ムアン事件（佐藤安信）、張振海事件（住田昌弘）、趙南事件（関聡介）という代表的な4ケースを通して、これまでの難民訴訟を歴史的に振り返り検証するとともに、現在に至るまで残された課題を明らかにしている。

　続く第2部「難民問題の現代的課題」では、日本の難民訴訟に長く携わってきた日本を代表する実務家、研究者らが、精緻かつ意欲的な論稿を展開している。論題だけを見ても、「難民条約における迫害の相貌」（阿部浩己）、「気候変動の影響による人間の移動——国際法からの一考察」（新垣修）、「迫害の主体論」（渡邉彰悟）、「パスポート論、平メンバー論、個別把握論、帰属された政治的意見、本国基準論」（空野佳弘）、「本質的変化論」（下中奈美）、「内戦と難民該当性」（本間浩）、「ジェンダーに関する迫害——女性からの難民申請を中心として」（渡部典子）、「日本における信憑性評価の現状とその課題」（鈴木雅子）、「事実の立証に関する国際難民法の解釈適用のあり方に関する一考察——イギリスの難民認定実務における事実の立証をめぐる問題の検討を中心として」（難波満）、「庇護希望者・難民申請者が直面する諸問題」（田島浩）、「行政事件訴訟法改正後の収容執行停止——収容は『重大な損害』である」（児玉晃一）、「EUにおける難民の保護——現状と国際法上の課題」（佐藤以久子）というように、非常に多岐にわたる論点が示されながら、1981年の難民条約加入から30年にわたる難民研究の進化が伝わる内容となっている。さらに、これらの論稿が、難民に寄り添った実務の過程を中心に浮き彫りにされてきた諸課題に応答する形で展開されてきたという意味において、生きた難民研究ともいうべきものを示しているとも言えるだろう。

　第3部「伊藤和夫弁護士の足跡」では、「難民事件に携わった30年の歩み」と題する伊藤弁護士本人へのインタビューが略歴とともに収録されている。「やはり、一番厳しい状況にあるのは難民だということですよね」という最後の言葉は、難民とともに歩んできた伊藤弁護士の30年間の原点を感じさせる言葉として印象的である。

　伊藤弁護士が歩み残した足跡とともに、本書の執筆者らによる一人一人の難民に寄り添いながら構築される理論的展開は、難民訴訟実務や難民研究のみならず、学問の新たな可能性を探るものとしても大きな意義を持つものと言えるのではないだろうか。

藤本俊明（神奈川大学）

文献紹介 ―海外―

MICHELLE FOSTER, *International Refugee Law and Socio-Economic Rights: Refuge from Deprivation* (Cambridge Studies in International and Comparative Law)
（Cambridge University Press, 2007）

　いわゆる市民的及び政治的権利（自由権）に対する経済的及び社会的権利（社会権）の人権としての「劣位性」や、社会権の「忘れられてきた人権」からの再生の試みは、これまで主に国際人権法学の課題でもあった。そうした社会権をめぐる状況は、困難な状況を強いられている人々にとってはより一層顕著なものとなり、難民及び難民申請者らもその例外ではない。これまで多くの法律実務家や研究者らは、難民の権利の保護にあたって、彼（女）らの難民としての法的地位の獲得や収容をめぐる諸問題など、主に自由権の実現に主眼を置いてきたとも言える。しかしながら、当事者である難民らにとっては、申請中であれ認定後であれ、日々の生活をどのように確立し、生きていくのかということがまさに死活問題であることは言うまでもない。労働、社会保障、医療、食料、居住、教育など、まさに社会権の実現なしには、彼（女）らの生活、生存は困難なものとならざるをえないのである。

　こうした問題意識を背景とした国際人権法学による20年余りの挑戦に呼応する形で、本書はオーストラリア・メルボルン大学の国際難民法研究プログラムを率いる気鋭の研究者により著されたものであり、国内外を問わず、国際難民法及び国際人権法に大きなインパクトを与える一冊と言えるだろう。

　本書は、第1章「序論」、第2章「難民条約解釈のための人権枠組み」、第3章「難民法における迫害と社会経済的欠乏」、第4章「社会経済的な権利主張に対する概念的アプローチの再考」、第5章「迫害理由としての経済的欠乏」、第6章「経済的不利益と難民条約上の根拠」、第7章「結論」から成り、難民条約解釈における国際人権法の意義を示しながら、国際難民法における伝統的な迫害概念を再検証し、同概念への経済的及び社会的権利の侵害の包含の可能性を中心に論じている。経済的階層や職業による影響、障害者、女性、子どもなど、生存をも脅かすような経済的に不利な状況に強いられる可能性を有する人々を念頭に置いたこうした迫害概念の再定義の試みは、例えば、近年の公衆衛生学などにおける経済格差と健康格差に関する研究などに呼応するものとしても注目される。

　国際的な人権保障の歴史において、必ずしも主流ではなく傍流とされてきた人々の権利の実現の過程の中で、当事者への想像力とともに、発展的、創造的に人権保障の枠組み自体を再構築しようとする試みは、難民に限らず、例えば、女性や障害者の権利についても同様の展開を見てとることができる。本書が提起すること、あるいは著者の「冷静かつ情熱的な」研究姿勢ともいうべきものは、国際難民法のみならず国際人権法の進化という意味でも大きな一歩を残すものと評価できるのではないだろうか。難民条約に加入して30年が経過した日本においても、本書からの問いかけへの応答が求められていることを忘れてはならない。

藤本俊明（神奈川大学）

難民関連文献一覧

※ ここでは、日本語で執筆された文献を取り上げる。

2009年

【図書】

小泉康一「第一章　国家、国際基準と国際難民制度」『グローバリゼーションと強制移動』勁草書房

古屋博子『アメリカのベトナム人──祖国との絆とベトナム政府の政策転換』明石書店

堀芳枝「タイと子どもの人権──難民・移民・エスニック・マイノリティの子どもから考える」日本平和学会編『アジアにおける人権と平和(平和研究34)』早稲田大学出版部

舛方周一郎『ブラジルにおける難民保護政策の形成──国際人権規範の国内受容と多元化する政策決定過程』上智大学イベロアメリカ研究所

増谷英樹編『移民・難民・外国人労働者と多文化共生──日本とドイツ／歴史と現状』有志舎

道場親信「『難民入植』と『開発難民』のあいだ──戦後開拓を考える」西川長夫・高橋秀寿編『グローバリゼーションと植民地主義』人文書院

「第8章　難民の権利」渡部茂己編著『国際人権法』国際書院

「日本の難民受け入れ政策の成果と課題」野山広・石井恵理子編『日本語教育の過去・現在・未来〈第1巻〉社会』凡人社

【雑誌】

Masutani Yasushi「ブルキナファソの『金鉱村』へ──サヘルに生きる『気候難民』」『Courrier Japon』5巻8号(通号58号)、90～97頁

秋本勝「ビルマ軍政下の人々──難民の声を聴く」『現代社会研究』12号、193～201頁

岩崎雅美「アフガニスタン人の服飾と衣生活の変容──イラン・パキスタンにおける難民生活の状況から」奈良女子大学家政学会『家政学研究』55巻2号(通号110号)、75～85頁

小田隆史「ミネソタ州ツインシティ都市圏における非政府・非営利セクターによる難民への職住斡旋支援」日本地理学会／日本地理学『地理学評論』82巻5号、422～441頁

小野澤正喜「グローバル化とアメリカ合衆国におけるアジア系民族集団の展開──タイ系民族集団の事例研究」育英短期大学『育英短期大学研究紀要』26号、1～8頁

片岡弘次「印・パ分離独立の難民に対する面接調査」大東文化大学『大東文化大学紀要〈人文科学〉』47号、101～120頁

北村暁夫「イタリア農村と移民──南仏への移民と『亡命者』(〔日本農業史学会〕2008年度シンポジウム20世紀世界の農業と移動──移民・入植・難民)」日本農業史学会事務局『農業史研究』43号、3～13頁

乾美紀「ミニマイノリティの高校進学と教育支援に関する研究──神奈川県を中心としたラオス定住難民を事例として」名古屋多文化共生研究会『多文化共生研究年報』6号、22～38頁

小泉康一「彼らは移動によって難民となる──グローバル化のなかで加速する国際強制移動(特集:国境を越える人々と国家の関係)」国際交流基金『をちこち(遠近)』31号、39～43頁

小泉康一「社会資本か社会排除か？──主にEUの難民政策の比較分析を中心に」大東文化大学『大東文化大学紀要〈社会科学〉』47号、1～48頁

小瀧雅子「小学校日本語学級と交流活動の記録──難民クラスでの『生活ガイダンス』プログラム実践から」国際日本語普及協会『AJALT日本語研究誌』4号、76～91頁

近藤麻理「紛争と難民」医学書院『看護教育』50巻6号(通号601号)、537～542頁

材木和雄「クロアチアにおけるセルビア系難民の帰還の障害と住宅問題――『失われた公有住宅の居住権』の問題を中心に」広島大学大学院総合科学研究科『環境科学研究』4号、51～75頁

渋谷敦志「ミャンマー・タイ国境難民キャンプのカレン人たち」朝日新聞社ジャーナリスト学校『ジャーナリズム』225号、111～114頁

杉木明子「国際的難民保護の『負担分担』難民開発援助に対するドナーの動向――デンマークの事例から」神戸学院大学法学会『神戸学院法学』39巻1号、41～65頁

陶山宣明「Canada's contemporary refugee policy questioned」帝京平成大学『帝京平成大学紀要』20巻2号、9～20頁

高岡豊・浜中新吾「シリア人の国境を越える移動に関する意識と経験――世論調査の軽量分析から読み解く社会意識」アジア経済研究所研究支援部『現代の中東』47号、2～17頁

高杉公人「難民支援とソーシャルワーク――エコロジカル・アプローチを用いた日本におけるソーシャルワーク実践に関する一考察(特集：外国人支援とソーシャルワーク)」相川書房『ソーシャルワーク研究』35巻3号(通号139号)、213～221頁

立山良司「パレスチナ難民問題と中東和平プロセス」中東調査会『中東研究』10巻1号(通号504号)、111～118頁

趙向華「EUにおける大量難民の一時的保護と負担分担――『一時的保護に関する指令』の法的評価を中心に」京都大学大学院人間・環境学研究科『人間・環境学』18号、93～105頁

道家木綿子「難民申請者とのアートワーク」日本外来精神医療学会『外来精神医療』9巻1号、14～18頁

墓田桂「グルジアにおける国内避難民問題――恒久的解決はいかにあるべきか」成蹊大学『成蹊大学一般研究報告』42号、1～28頁

平田伊都子「ルポ　アフリカ最後の植民地・西サハラ」岩波書店『世界』787号、278～285頁

森恭子・櫻井美香「在日難民女性の生活実態と地域社会の関わり――在日ビルマ難民女性の聞き取り調査を通して」日本女子大学社会福祉学科『社会福祉』50号、67～81頁

山神進「インドシナ難民の受け入れについて日本政府が取った政策、施策の変遷をめぐって」政策情報学会『政策情報学会誌』3巻1号、23～41頁

山口覚「国家主権と難民認定――権限委譲後のスコットランドにおける庇護申請者の処遇」人文地理学会『人文地理』61巻2号(通号356号)、157～175頁

山崎達枝「私と災害看護――湾岸戦争難民キャンプの場で『看護』の意味を知る」ぎょうせい『現代のエスプリ』510号、79～86頁

山本リリアン光子「ブラジルの政治的庇護及び難民条約に基づく保護」神奈川大学大学院法学研究科『神奈川大学大学院法学研究論集』17号、51～101頁

渡辺有理子「開発途上国における図書館支援――ビルマ(ミャンマー)難民キャンプの事例から(特集：図書館をつくる)」日本図書館協会『現代の図書館』47巻2号(通号190号)、71～78頁

【その他】

日弁連人権行動宣言「外国人・難民・民族的少数者の権利の保障」

2010年

【図書】

Saburo Takizawa「Refugees and Victimology: Toward a more humane order」日本国際連合学会編『新たな地球規範と国連(国連研究11)』国際書院

ウォーレン・セント・ジョン／北田絵里子訳『フージーズ――難民の少年サッカーチームと小さな町の物語』英治出版

幼い難民を考える会『カンボジア――子どもたちとつくる未来』毎日新聞社

クラウス・ブリンクボイマー／渡辺一男訳『出口のない夢――アフリカ難民のオデュッセイア』新曜社

国境なき子どもたち『ぼくは12歳、路上で暮らしはじめたわけ。――私には何ができますか？その悲しみがなくなる日を夢見て』合同出版

小柳順一「第3章　民軍協力の生成と展開／第1節　イラク北部クルド人難民保護」『民軍協力（CIMIC）の戦略――米軍の日独占領からコソボの国際平和活動まで（ストラテジー選書12）』芙蓉書房出版

近藤敦・塩原良和・鈴木江理子『非正規滞在者と在留特別許可』日本評論社

斉藤真美子「第10章　アフガニスタンからのディアスポラ――パキスタンにおける難民二世の視点から――『外国』と『祖国』の狭間で」駒井洋監修／首藤もと子編著『東南・南アジアのディアスポラ（叢書グローバル・ディアスポラ2）』明石書店

須永隆『プロテスタント亡命難民の経済史――近世イングランドと外国人移民』昭和堂

宋芳綺『タイ・ビルマ国境の難民診療所――女医シンシア・マウンの物語』新泉社

滝澤三郎「第4章　国連が取り組む人権、環境、難民問題」山田満編著『新しい国際協力論』明石書店

陳天璽『忘れられた人々 日本の「無国籍」者』明石書店

筒井志保「第19　日本の難民政策」黒沢文貴編『戦争・平和・人権――長期的視座から問題の本質を見抜く眼』原書房

中山裕美「アフリカにおけるリージョナリゼーションの展開――難民問題を扱う制度的枠組みの変容」日本国際政治学会『グローバル化の中のアフリカ（国際政治159）』有斐閣

錦田愛子『ディアスポラのパレスチナ人――「故郷（ワタン）」とナショナル・アイデンディティ』有信堂高文社

錦田愛子・板垣雄三「第5章　パレスチナ難民の法的地位と選択権」ミーダーン〈パレスチナ・対話のための広場〉編『〈鏡〉としてのパレスチナ――ナクバから同時代を問う』現代企画室

日本ビジュアル・ジャーナリスト協会『「戦地」に生きる人々（集英社新書）』集英社

羽生勇作「第4章　人間の安全保障と政治力学――カザフスタンにおける難民保護の事例」大杉卓三・大谷順子編著『人間の安全保障と中央アジア（比較社会文化叢書18）』花書院

村井淳「第7章　難民・移民問題と人口移動」『現代国際政治と国際関係――世界の現在（いま）を考えるためのエッセンス』学陽書房

村瀬信也「第6章　難民」『地球的課題と法』放送大学教育振興会

八塩弘二『空しく消えたＳ・Ｏ・Ｓ――カンボジア難民の妻子殺害事件』東京図書出版会

山村淳平『難民への旅』現代企画室

森恭子監修／難民支援協会編『外国人をめぐる生活と医療』現代人文社所収の以下の論文
- 石井宏明「難民支援――日本の現場を中心に」
- 尾方欣也「医療機関からの報告」
- 古藤吾郎「難民たちは、国民健康保険に入れるのか、入れないのか」
- 櫻井美香「難民の生活支援とは――社会資源を中心に」
- 藤田恭啓「ミャンマー・コミュニティへの健康支援――心身ともに健やかにすごしてもらうために」
- ミャンマー（ビルマ）難民女性「日本での生活を通じて――在日難民からの報告」
- 森恭子「在日難民支援に向けて――医療、保健、福祉専門職の連携の必要性」
- 森谷康文「難民のメンタルヘルス」

米川正子『世界最悪の紛争「コンゴ」（創成社新書）』創成社

渡邉彰悟・大橋毅・関聡介・児玉晃一編『日本における難民訴訟の発展と現在（伊藤和夫弁護士在職50周年祝賀論文集）』現代人文社所収の以下の論文
- 阿部浩己「難民条約における迫害の相貌」

- 新垣修「気候変動の影響による人間の移動——国際法からの一考察」
- 池田純一「チャン・メイラン事件」
- 児玉晃一「行政事件訴訟法改正後の収容執行停止——収容は『重大な損害』である」
- 佐藤以久子「EUにおける難民の保護——現状と国際法上の課題」
- 佐藤安信「ブイ・ムアン事件」
- 下中奈美「本質的変化論」
- 鈴木雅子「日本における信憑性評価の現状とその課題」
- 住田昌弘「張振海事件」
- 関聡介「越南事件——60日ルール」
- 空野佳弘「パスポート論、平メンバー論、個別把握論、帰属された政治的意見、本国基準論」
- 田島浩「庇護希望者・難民申請者が直面する諸問題」
- 難波満「事実の立証に関する国際難民法の解釈適用のあり方に関する一考察——イギリスの難民認定実務における事実の立証をめぐる問題の検討を中心として」
- 本間浩「内戦と難民該当性」
- 渡邉彰悟「迫害の主体論」
- 渡部典子「ジェンダーに関する迫害——女性からの難民申請を中心として」

【雑誌】

阿部吉雄「資料調査：上海のユダヤ人難民社会の医師」九州大学大学院言語文化研究院『言語文化論究』25号、169～174頁

阿部吉雄「上海のユダヤ人難民社会の医師医療」九州大学大学院言語文化研究院『言語科学』45号、85～95頁

浅香幸枝「日本の多文化共生政策決定過程——1990年『出入国管理及び難民認定法』改正施行以後から2009年改正まで」名古屋大学国際開発研究科国際コミュニケーション専攻『ククロス：国際コミュニケーション論集』7号、1～13頁

江崎智絵「中東和平におけるヨルダンにとってのパレスチナ難民問題（特集：パレスチナ和平プロセスの争点）」アジア経済研究所研究支援部『現代の中東』48号、52～61頁

林真由美「パレスチナ難民問題とイスラエル（特集：パレスチナ和平プロセスの争点）」同上、39～51頁

石井洋子「『苦難』をめぐる民族誌へ——ケニア国内避難民の経験に関する覚え書き」聖心女子大学『聖心女子大学論叢』114号、226～201頁

石川えり「多文化共生のとびら——新たに始まる難民の第三国定住と自治体の役割」自治体国際化協会『自治体国際化フォーラム』249号、22～24頁

宇田有三「迫害と排除のはざまに——バングラデシュのロヒンギャー難民」解放出版社『部落解放』629号、83～91頁

宇田有三「バングラデシュのロヒンギャー難民」同上、1～8頁

大江裕幸「行政判例研究(561・875)：出入国管理及び難民認定法に基づく退去強制令書発布処分が口頭審理請求権放棄手続の瑕疵を理由に取り消された事例[東京地方裁判所平成17.1.21判決]」第一法規『自治研究』86巻9号、135～152頁

小川昂子「難民認定申請者への生活保護費の打ち切り」解放出版社『人権キーワード2010（部落解放630）』、114～117頁

小川明「難民の『こころ』の支援を探る——福島で多文化間精神医学会」ジャパン・メディカル・ソサエティ『ジャパンメディカルソサエティ』161号、20～25頁

岡原功祐「チャンス——イギリス行きを夢見る難民たちの旅」解放出版社『部落解放』627号、1-8頁、

片岡幸次「イン・パ分離独立時の難民小説」大東文化大学『大東文化大学紀要〈人文科学〉』48号、171～189頁

久保忠行「ソマリア人道復興支援」日本文化人類学会『文化人類学』75巻1号、146～159頁

小林誠「ポリネシア・ツバルの"環境難民"をめぐる覚書——海外移住に関する言説と現状の乖離（特集：人の移動と環境の変

化、そして多文化共生へ)」大東文化大学環境創造学会『環境創造』13号、73～84頁

小林和香子「パレスチナ難民問題と解決の可能性の模索(特集:パレスチナ和平プロセスの争点)」アジア経済研究所研究支援部『現代の中東』48号、24～38頁

小泉康一「日本におけるインドシナ難民定住制度——強いられた難民受け入れと、その後の意味」大東文化大学『大東文化大学紀要〈社会科学〉』48号、37～104頁

Cronin A. A., Shrestha D., Cornier N., 「文献抄録:難民キャンプにおける選択された健康と栄養の指標に関連した水供給および衛生設備の設置に関するレビュー——統合的なサービス提供の必要性」日本水道協会『水道協会雑誌』79巻9号、27～29頁

佐藤文明「入管法・入管特例法・住基法の改定」解放出版社『人権キーワード2010(部落解放630)』、118～121頁

佐藤文則「引き裂かれる難民家族」自然と人間社『自然と人間』2010年1月号、21～24頁

佐原彩子「帝国主義政策としての難民救済——ベトナム戦争終結において」日本アメリカ史学会『アメリカ史研究』33号、91～109頁

関聡介・池原毅和「外国人／難民への法律援助事業及び精神障がいのある人への法律援助事業の意義と展望(特集:日弁連法律援助事業の意義と展望)」日本弁護士連合会『自由と正義』61巻10号、31～36頁

田中聖子「アジア・アフリカ難民支援運動25年——高校生は地域とマリ共和国をつなぐ命のポンプ(特集:地域再生と教育)」旬報社『人間と教育』66号、44～49頁

中川潤一「特集 出入国管理及び難民認定法及び日本国との平和条約に基づき日本の国籍を離脱した者等の出入国管理に関する特例法の一部を改正する等の法律の解説(第3回)」外国人登録事務協議会全国連合会『外国人登録』614号、23～36頁

中山裕美「アフリカにおけるリージョナリゼーションの展開——難民問題を扱う制度的枠組みの変容」国政政治学会『国際政治』159号、87～100頁

錦田愛子「ヨルダンにおけるガザ難民の法的地位——UNRWA登録、国籍取得と国民番号をめぐる諸問題」早稲田大学地域イスラーム研究機構『イスラーム地域研究ジャーナル』2号、13～24頁

法務省入国管理局参事官室「定住者告示の一部改正——第三国定住による難民の受入れに関するパイロットケースの開始について」入管協会『国際人流』23巻3号、23～25頁

深山沙衣子「『第三国定住』って何?——難民流入にどうする日本」新潮社『新潮45』29巻11号、140～146頁

森住卓「アフガニスタン——帰還難民の苦悩」日本共産党中央委員会『前衛』857号、5～12頁

本岡大和「難民になれない庇護希望者——米加間の『安全な第三国』協定の影響」立命館大学『Core ethics』6号、425～435頁

山田美和「アンダマン海を南下するロヒンギャ——移民・難民・人身取引・無国籍」日本貿易振興機構アジア経済研究所研究支援部『アジ研ワールド・トレンド』16巻1号、53～57頁

山田美和「国境を越える人々、制度に潜む人々——法制度研究の彼方に(特集:温故知新 途上国研究のわすれもの・新しい架け橋)」日本貿易振興機構アジア経済研究所研究支援部『アジ研ワールド・トレンド』16巻8号、4～7頁

山田孝子「『移動』が生み出す地域主義——今日のチベット社会にみるミクロ・リージョナリズムと汎チベット主義(特集:越境と地域空間——ミクロ・リージョンをとらえる)」京都大学地域研究統合情報センター『地域研究』10巻1号、33～51頁

山崎朋子「アジア女性交流史(昭和期篇23):カンボジア〈幼い難民〉に心を添わせて——いいぎり＝ゆきとその仲間たち(下)」岩波書店『世界』801号、312～323頁

リングホーファー・マンフレッド「ブータン難民の歴史・現状・未来」大阪産業大学産業研究所『平和学論集——長期的共同研究組織「第二期平和研究」』4(産研叢書32)

『難民研究ジャーナル』編集規定

1. 本誌は、難民研究フォーラムの研究誌で、1年に原則として1号発行する。
2. 本誌は、原則として、難民研究フォーラム研究会メンバーの難民・無国籍問題および強制移住等の研究の発表にあてる。
3. 本誌の構成は基本的に、論文・報告・書評・評釈・国内外動向とする。
4. 論文は、依頼論文と下記投稿規定に基づく投稿論文からなる。
5. 報告は、依頼報告からなる。
6. 報告は、原則として、事業や実践についての事実の記述だけでなく、筆者の解説・分析等を加えたものにする。
7. 依頼論文、依頼報告、書評、評釈の依頼は、編集委員会で行う。
8. 国内外動向欄は、国内外の難民の動向、国内外難民訴訟動向等の紹介にあて、その依頼は編集委員会において行う。
9. 英文等で提出された依頼論文は英文等を掲載し、編集委員会で監修した翻訳文を以下のホームページに掲載する。
   http://www.refugeestudies.jp/
   また、英文等で提出された報告は、編集委員会で監修した翻訳文を掲載し、英文等を本会ホームページに掲載する。
10. 原稿の掲載は編集委員会の決定による。

『難民研究ジャーナル』執筆要項

1．本文の長さ

本文の長さは、以下の範囲内とします。分量計算はすべて文字数を単位とします。
(1) 論文は 12,000 字以上 20,000 字以内
(2) 報告は 8,000 字以上 12,000 字以内
(3) 「本文」には、見出し、小見出し、注、引用文献、図表までを含めます(図表の文字数換算については後掲)。

2．要約とキーワード

論文と報告には、本文(図表等を含む)のほか、表紙およびキーワードを添付してください。
(1) 表紙には、題名(日本語・外国語)、著者名、所属、専門分野のみを記してください。
(2) キーワードは、日本語・外国語各3語でそれぞれ記載してください。
(3) 論文の構成は表紙・キーワード・本文・注・引用文献・図表の順序としてください。

3．書式

原稿の書式は以下の原則にしたがってください。
(1) 原稿は A4 判の用紙を使って、40 字× 40 行で見やすく印字したものを提出してください。各頁には、ページ番号を付してください。
(2) 英数字は、すべて半角文字を用います。

（3） 章、節、項に半角数字を用いて、それぞれ「1.」「(1)」「a.」のように記してください。
（4） 英文字人名や英文字地名はよく知られたもののほかは、初出の箇所にその原綴りを、「マックス・ウェーバー（Max Weber）」のように記してください。
（5） 原則として西暦を用います。元号を使用する場合には、「平成22（2010）年」のように記してください。

4．図表・写真

（1） 図表・写真は、執筆者の責任で、電子形態で作成し、オリジナルおよび仕上がり寸法大のコピーも原稿とともに提出してください。電子形態での様式については、査読審査後にお知らせします。またその作成にあたって編集委員会でなんらかの費用が必要な場合は、執筆者からその費用を徴収する場合があります。
（2） 図表の頭に「図1　難民認定申請者の推移（2008年12月末現在）」のように題名を記し、データ類を他の文献から引用する場合には、下部に「出典：法務省入国管理局編『出入国管理 平成19年版』」のように、引用した文献を挙示します。
（3） 図表・写真の挿入位置を原稿中に明記してください。大きさに応じて1/4頁大＝400字相当、1/2頁大＝800字相当と字数換算します。

5．注・文献引用

（1） 注は、本文該当箇所の右肩に通し番号1、2のように記し、各論文の末にまとめて記載します。
（2） 引用文献は、注において、書誌情報をすべて記します。①著（編）者、②文献名、③文献の発行元ないし所収元、④発行年、⑤引用（参照）ページの順番で表示します。和文文献は、書名・雑誌名を『　』で、論文名を「　」でくくってください。外国語文献の場合、書名・雑誌名はイタリック体にしてください。文献を列記するときは、日本語文献・外国語文献とも、それぞれを「；」でつないでください。
（3） 記載の仕方については以下の例にならってください。
① 外国語文献
・単行本
Wright, Q., *The Study of International Relations,* Apple-Century-Crofts, 1955, pp. X-X.
・単行本（邦訳書のある場合）
Moore, W. E., *Social Change, Foundation of Modern Sociology Series,* Prentice Hall, Inc., 1963, pp. X-X（松原洋三訳『現代社会学入門（社会変動6）』至誠堂、1968年）.
・雑誌論文
Rosecrance, R. N., "Bipolarity, Multipolarity, and the Future," *Journal of Conflict Resolution,* 10(3), September, 1966, pp. 306-320.
・論文集などの中の個々の論文
James, A., "Power Politics," in Edwards, D. ed., *International Political Analysis: Readings,* Holt, Rinehart and Winston, 1970, pp. 207-225.
・新聞
Wall Street Journal, Nov. 1, 1978, p. 8.
② 日本語文献
・単行本
田中良久『心理学的測定法』東京大学出版会、1961年、○～○頁。
・雑誌論文
蒲生正男「戦後日本社会の構造的変化の試論」『現代のエスプリ』80号、1974年、188～206頁。

・翻訳書

シュー、F. L. K. ／作田啓一・浜口恵俊共訳『比較文明社会論』培風館、1971 年、〇～〇頁。

・新聞

『朝日新聞』1975 年 9 月 28 日朝刊。

③　インターネット

・日本語

法務省入国管理局「平成 22 年における難民認定者数等について」（http://www.moj.go.jp/nyuukokukanri/kouhou/nyuukokukanri03_00077.html）。

・外国語

Moseley, A. "Just War Theory," *Internet Encyclopedia of Philosophy* (http://www.iep.utm.edu/j/justwar.htm).

④　判例、先例、通達

・国内判例

東京地判昭 44・1・25 行政事件裁判例集 20 巻 28 頁。

東京高判平 15・2・18 判例時報 1833 号 41 頁。

・国外判例

Pushpanathan v. Canada (Minister of Citizenship and Immigration), (1998) 1 S.C.R. 982.

・先例、通達

文部科学省平成 21 年 5 月 2 日初等中等教育局長「通知」。

(4) 外国語文献の場合の引用（参照）ページの記載については、以下にならってください。

　　p.58.　　　引用（参照）したページが 1 ページだけの場合。

　　pp.100-109.　引用（参照）したページが数ページになる場合。

(5) 再出文献の表示

①　日本語文献の場合

前掲書・論文、同上書・論文については以下の例にならってください。

・田中・前掲注 3、〇～〇頁。

・同上、〇～〇頁。

②　外国語文献の場合

著者名を書かずに *ibid.* あるいは著者の姓の後に、*op. cit.* の略語を用います。

・*ibid.*

同上書（論文）の場合に用いる。当該の文献指示の直前に引用（参照）したものと同一の文献を引用（参照）していることを示している。引用（参照）箇所が、ページ数まで直前に指示したものと同じ場合には、*ibid.* とのみ記し、同じ文献だがページ数は異なる場合には、*ibid.*, p. XX と、ページ数を付加する。

・*op. cit.*

前掲書（論文）の場合に用いる。当該の文献指示とその文献の以前の引用（参照）との間に別の文献指示が入っているときに用いる。姓、*op. cit.*, p. X と記載する。

6．校正等

著者による校正は 1 回とします。原稿はすべて、掲載決定後直ちに完全原稿の電子ファイル（原則としてテキストファイル）とそのプリントアウトをあらためて提出してください。その際、注および図表の位置、特殊な指示などは、プリントアウトの上に朱書してください。また使用したハードウェア、ソフトウェア、外字や特殊機能の有無を通知ください。

『難民研究ジャーナル』投稿規定

1. 本誌に投稿できるのは原則として難民研究フォーラム研究会メンバーに限る。但し、依頼論文等はその限りではない。
2. 本誌に発表する論文等は、いずれも他に未発表のものに限る。
3. 他で審査中あるいは掲載予定となっているものは二重投稿とみなし、本誌での発表を認めない。
4. 本誌に会員の投稿原稿が掲載されたときから、1カ年を経過するまでは当該会員は新たな原稿を投稿できない。
5. 投稿するメンバーは下記送付先に審査用原稿コピー2部およびEメールにて添付ファイルで送付し、原稿本体は、審査終了後編集委員会からの通知にしたがい提出する。

【送付先】
難民研究フォーラム編集委員会
〒160-0004　東京都新宿区四谷1-7-10
第三鹿倉ビル6階　難民支援協会気付
TEL: 03-5379-6001
info@refugeestudies.jp

締切日は編集委員会で決定し、以下のホームページに掲載することとする。
http://www.refugeestudies.jp/
原稿は所定の執筆要項にしたがうこととする。
本誌に発表された論文等の著作権は難民研究フォーラムに帰属する。
本誌に発表された論文等を他の著作物に転載する場合には、事前に文書等で難民研究フォーラム編集委員会の同意を必要とする。

編集後記

　2010年夏の難民研究フォーラム設立から約1年、フォーラムの柱の一つである機関誌の発刊が実現したことを率直に喜びたい。設立から1年余りで刊行できたことは、多くの関係者のみなさまのおかげである。特に、座長でもある本間浩先生には、編集作業を含め、さまざまな点から発刊を支えていただくとともに、研究者としても多くのことを学ばせていただいたことに、心から感謝申し上げたい。

　創刊号の編集方針の決定、原稿依頼等が済んだ3月、東日本大震災と福島原発事故が起き、編集委員会で議論を重ねた結果、巻頭に震災を受けての所感を掲載することにした。結果的に、難民研究ジャーナルは「3.11後」の日本、世界とともに歩み始めることになった。この意味は、今後のフォーラムの活動、ジャーナルの刊行を通じて、深めていかねばならないだろう。

　「善きことはカタツムリの速度で進む」(ガンジー)との言葉は、至言である。1996年に当時の難民問題研究フォーラム(世話人：宮崎繁樹明治大学名誉教授)がまとめた提言を読み返してみると、評価はさまざまだと思われるが、提言の内容は何らかの形で現在の法制度にも生かされている。しかしながら、創刊号の特集テーマでもある「第三国定住」のほかにも、参与員制度、難民認定手続きを含む難民保護のあり方など、難民をめぐる課題はなお山積している。震災後、日本在住の難民の方が話されていたように、「一緒に」立ち上がり、歩んでいきたい。

(藤本俊明)

〈編集委員会〉
　委員長：本間浩
　委員：会川真琴／石川えり／小池克憲／筒井志保／藤本俊明／吉山昌(五十音順)

難民研究ジャーナル 第1号

2011年10月20日発行

編　　者	難民研究フォーラム 〒160-0004 東京都新宿区四谷1-7-10 第三鹿倉ビル6階 難民支援協会気付 TEL: 03-5379-6001 info@refugeestudies.jp
発 行 者	難民研究フォーラム http://www.refugeestudies.jp/
発 行 所	株式会社 現代人文社 〒160-0004 東京都新宿区四谷2-10 八ッ橋ビル7階 TEL: 03-5379-0307 / FAX: 03-5379-5388 http://www.genjin.jp
発 売 所	株式会社 大学図書 TEL: 03-3295-6861 / FAX: 03-3219-5158
印 刷 所	シナノ書籍印刷株式会社
ブックデザイン	MalpuDesign

ISBN978-4-87798-495-3 C3030